**La Colonisation de l'Orient arabe
(1914-1918)
Des accords Sykes-Picot à la Déclaration
Balfour**

Du même auteur :

La Colonisation de la Palestine (1835-1914), Edition : Books on Demand, Paris, 2017, 212 pages

Introduction

La colonisation de l'Orient arabe[1] par les Européens a commencé par celle de la Palestine, qui est la « tête de pont » pour la colonisation de cet Orient.

La colonisation de la Palestine, à partir de 1835 par des juifs venant principalement d'Europe centrale et orientale, s'est faite avec l'aide des Européens.
Les pays européens, qui luttaient déjà contre l'Empire ottoman, avaient trouvé dans la migration juive vers la Palestine un motif pour s'immiscer davantage dans les Affaires de l'Empire.

Cette migration a déclenché chez les Arabes, dont les Palestiniens, la conscience que les juifs sont venus de l'extérieur, en éclaireurs, pour occuper leurs pays.
La résistance arabe commença alors à prendre forme sans jamais s'éteindre.

En 1914, à la veille de la guerre (1914-18), on compte 47 colonies juives implantées en Palestine.
Et les autres provinces arabes verront leur sort scellé pendant cette guerre.
En effet, plusieurs événements se sont produits pendant la guerre (1914-18) :

---

[1] - Nous entendons, ici, par « Orient arabe », les provinces arabes de l'Empire ottoman (Syrie, Liban, Palestine, Jordanie, Iraq).
Au début du 19ème siècle, les provinces arabes de l'Empire ottoman comprenaient, en gros, ce qu'on désigne aujourd'hui par le Monde arabe, moins le Maroc et la Mauritanie.
Le Maroc est sous protectorat français en 1912 et la Mauritanie est devenue colonie française en 1920 après avoir été sous protectorat français depuis 1903.
Avant le début de la guerre 1914-1918, les Européens avaient déjà colonisé plusieurs provinces arabes de l'Empire :
Algérie (1830), Sud Yémen (1839), Tunisie (1881), Egypte (1882), Soudan (1899), Libye (1911). Des émirats de la Presqu'ile arabique sont sous protectorat britannique :
Bahraïn (fin des années 1800), Oman (1891), les actuels Emirats Arabes Unis (1892), Koweït (1899), Qatar (1916).

- Les «Accords entre le Chérif Hussayn de la Mekke et Sir Henry MacMahon», Haut-commissaire britannique en Egypte (1915) lient les Arabes aux Anglais contre les Ottomans.

- La Révolte arabe contre les Ottomans (1916-1918).

- Les « Accords Sykes-Picot » (1916) passés entre la Grande Bretagne et la France. A travers ces accords, les deux pays se partagent l'Orient arabe.

- L'entrée des Américains dans le conflit aux côtés des Alliés en mars 1917 a des conséquences importantes sur le sort de la Palestine.

- Enfin, la « Déclaration Balfour » (1917) favorise la création d'un foyer national pour les juifs en Palestine. Elle récompense la communauté juive pour sa mobilisation en faveur de son engagement aux côtés des Alliés, en particulier, pour faire participer les Etats-Unis d'Amérique à la guerre (1914-1918).

Tous ces événements font partie de la stratégie de la lutte contre l'Empire ottoman et de l'empêchement à l'émancipation d'un Etat arabe qui comblerait le vide créé par la disparition de cet Empire.

Jusqu'à nos jours, l'ombre des «Accords Sykes-Picot» et de la « Déclaration Balfour » règne sur l'Orient Arabe qui n'a pas trouvé de stabilité.

Quant à la «Déclaration Balfour», elle a plongé la Palestine dans le plus long et le plus douloureux conflit depuis 1917.

Le 2 novembre 2017, pour célébrer le centenaire de la « Déclaration Balfour », Theresa May, Première ministre anglaise, a invité à un diner le Premier Ministre israélien Benyamin Nethanyahou.
Au moins 150 personnalités ont participé à ce diner.
A cette occasion, Theresa May a déclaré que «la Gran-

de-Bretagne est fière de son rôle pionnier dans la création de l'Etat d'Israel »[2]

Les Palestiniens dénoncent depuis 1917, à chaque anniversaire, en particulier cette année du centenaire, la Déclaration qu'ils considèrent de «mauvaise augure». Ils dénoncent également l'arrogance avec laquelle est célébré le centenaire.

De nombreuses manifestations de Palestiniens ont eu lieu aussi bien en Palestine sous occupation isrélienne, qu'en dehors de Palestine où vivent plus de 6 millions de Palestiniens qui ne bénéficient pas du droit au retour, malgré les diverses Résolutions de l'ONU.

Toutes ces manifestations dénoncent la responsabilité de la Grande-Bretagne dans le sort des Palestiniens depuis un siècle.

Cette étude comprend trois Parties et une Bibliographie.

PARTIE_A : Les provinces arabes de l'Empire ottoman avant leur occupation par les Anglais et les Français, au lendemain de la guerre 1914-1918

PARTIE_B : Les Accords Hussayn-MacMahon (1915-1916) et les Accords Sykes-Picot (1916)

PARTIE_C : La Déclaration Balfour (2 nov. 1917)

---

[2] - theguardian.com (2 nov. 2017).

SOMMAIRE

Introduction (p.3)

Chronologie (p.9)

§§§

PARTIE_A : Les provinces arabes de l'Empire ottoman à la veille de leur occupation par les Anglais et les Français, au lendemain de la guerre 1914-1918 (p.13)

Chapitre_1 : Les appétits européens pour les provinces arabes de l'Empire ottoman (p.15)
Chapitre_2 : Faire de la Palestine la « tête de pont » pour la colonisation de l'Orient arabe.
L'attitude des différents pays européens envers la Palestine (p.22)
Chapitre_3 : La franc-maçonnerie, instrument européen contre l'Empire ottoman (p.29)
Chapitre_4 : La conscience nationale chez les Arabes dans l'Empire ottoman (p.34)
Chapitre_5 : La Révolution des « Jeunes-Turcs » de 1908. Francs-maçons. Sionistes. « Turquisation » de la société ottomane (p.42)

§§§

PARTIE_B : Les Accords Sykes-Picot (avril-mai 1916) et les Accords Hussayn-MacMahon (juillet 1915-30 mars 1916) (p.53)

Chapitre_6 : Les Accords Sykes-Picot et les Accords Hussayn-MacMahon : Introduction et contexte historique (p.56)
Chapitre_7 : Les Accords Sykes-Picot. Enjeux politiques et militaires (p.62)
Chapitre_8 : La Révolte arabe. La préparation (p.71)
Chapitre_9 : La Révolte arabe. L'action (p.89)
Chapitre_10 : La Révolte arabe et la France (p.106)

Chapitre_11 : La Palestine pendant la guerre (1914-1918) (p.112)
Chapitre_12 : Les révélations publiques des Accords Sykes-Picot (p.123)
Chapitre_13 : La Palestine et le futur Etat arabe indépendant décrit dans les Accords Hussayn-MacMahon (p.133)

§§§

PARTIE_C : La Déclaration BALFOUR (02 nov. 1917). Création d'un foyer national juif en Palestine (p.139)

Chapitre_14 : Les intérêts communs aux sionistes et aux Anglais (p.141)
Chapitre_15 : La question de la Palestine est posée au sein du gouvernement britannique pendant la guerre 1914-1918 (page 153)
Chapitre_16 : Rencontres au plus haut niveau des sionistes et des Européens pendant la guerre (p.162)
Chapitre_17 : 1917: Entrée en guerre des Etats-Unis d'Amérique (p.174)
Chapitre_18 : La Déclaration Balfour (p.182)
Chapitre_19 : Les Réactions à la Déclaration Balfour et Annexe : « le foyer national juif » (p.188)
Chapitre_20 : La Palestine livrée par les Anglais aux juifs, au mépris des Accords Sykes-Picot et Hussayn-MacMahon.
La résistance armée palestinienne s'organise (p.202)

§§§

Bibliographie (p.215)

Un siècle d'instabilité dans l'Orient arabe

Chronologie

Evènements dans les provinces arabes orientales de l'Empire ottoman entre 1876 et 1920.

<u>Source</u> : Avant leur diaspora. Une histoire des Palestiniens par la photographie, 1876-1948, Walid Khalidi, Paris, Les éditions de la Revue d'Etudes Palestiniennes, 1986, 350 pages.

§§§

1876 - Promulgation de la Constitution ottomane.

1878 - Fondation de « Petah Tikva », première colonie juive en Palestine.

1881 - Novembre : le gouvernement ottoman autorise les juifs étrangers, non ottomans, à s'installer partout dans l'Empire ottoman sauf en Palestine.

1882 - Début de la première vague d'immigration juive de masse en Palestine.

1888 – Mai - : les gouvernements européens pressent le gouvernement ottoman pour qu'il autorise les juifs étrangers (non ottomans) à s'installer en Palestine, à titre individuel, à condition que cela ne soit pas massif.

1892 – Novembre - : Le gouvernement ottoman interdit la vente à des juifs étrangers non ottomans des terres appartenant à l'Etat situées en Palestine.

1893 – Avril : Les puissances européennes font pression sur le gouvernement ottoman pour qu'il autorise les juifs résidant, de façon légale, en Palestine à acheter des terres, à condition qu'ils n'y installent pas de colonies.

1896 - Publication de « L'Etat juif » du leader sioniste hongrois Theodor Herzl.
- Le Sultan Abdul-Hamid II refuse de céder la Pales-

tine aux juifs.

1897 - Août : premier congrès sioniste à Bâle.
En réponse au congrès, le Sultan fait gouverner la Palestine par l'administration de son propre Palais.

1898 - La presse de langue arabe réagit à la suite du premier congrès sioniste. Le journal du Caire « Al-Manar » met en garde les Arabes contre les visées sionistes.

1903 - Début de la deuxième vague d'immigration de masse de juifs en Palestine.

1905 - Publication du «Réveil de la nation arabe», de Nagib Azoury, une mise en garde contre les desseins politiques des sionistes.

1907 : **Fondation du premier «kibboutz», exclusivement juif**.

1908 - 24 juillet : Révolution des « Jeunes-Turcs ».

1909 - Juin : La question sioniste posée pour la première fois au Parlement ottoman

1911 - Le journaliste palestinien Najib Nassar publie le premier livre en langue arabe sur le sionisme, intitulé «Le Sionisme : son histoire, ses objectifs, son importance».

1914 - **1er août : la Première Guerre mondiale éclate.**

1915 - 14 juillet : Début de « La Correspondance entre le Chérif Hussayn de la Mekke et Sir Henry Mac-Mahon », Haut-commissaire britannique en Egypte.

1916 – Mars : **fin de la Correspondance Hussayn-Mac Mahon.**

Pour les Arabes, la Correspondance semblait donner, après la fin de la guerre l'assurance de l'indépendance des provinces arabes de l'Empire ottoman, y compris la Palestine.
- 16 mai : signature en secret des **«Accords Sykes-Picot»** qui partagent les provinces arabes orientales entre la Grande Bretagne et la France.
- Juin : se basant sur sa correspondance avec MacMahon, le Chérif Hussayn proclame l'indépendance arabe et le rejet de la domination ottomane.
La Révolte arabe contre Istanbul commence.

1917 - 2 novembre : le ministre britannique des Affaires étrangères, Arthur James Balfour écrit au baron Lionel Walter de Rothschild, pour l'assurer du soutien de la Grande-Bretagne à un Foyer national juif en Palestine (**Déclaration Balfour**).
- 9 décembre : Reddition des armées ottomanes de Jérusalem aux forces du général britannique Edmund Allenby.

1918 - Septembre : la Palestine est entièrement occupée par les forces alliées du général Allenby.
- 30 octobre : fin de la Guerre mondiale.

1920 - Le traité de Sèvres confie le mandat sur la Palestine à la Grande Bretagne. Le traité international de San Remo partitionne la Palestine en deux Etats, un «home National Juif» et l'Émirat de Transjordanie.
-la Société des Nations met le Liban et la Syrie sous mandat de la France, et l'Iraq et la Palestine sous mandat du Royaume-Uni.

Fin de la Chronologie

A la veille de la guerre 1914-1918

PARTIE_A :

Les provinces arabes de l'Empire ottoman à la veille de leur occupation, par les Anglais et les Français, au lendemain de la guerre 1914-1918

Le début du vingtième siècle est riche en événements dans l'Empire ottoman.

En 1908, les « Jeunes-Turcs » prennent le pouvoir à Istanbul. Ils déposent quelques mois plus tard le Sultan Abdul-Hamid II contre lequel ils se sont opposés pendant plusieurs décades.

Les provinces arabes qui militent, jusqu'à la veille de la guerre 1914-1918, pour leur autonomie dans le cadre de l'Empire, prendront partie pour les Alliés contre les Ottomans. Mais les Arabes ne seront qu'un objet entre les mains des Anglais et des Français, puisqu'en pleine guerre, ceux-ci se partagent en secret les provinces arabes qui étaient encore sous administration ottomane.

§§§

Chapitre_1 : Les appétits européens pour les provinces arabes de l'Empire ottoman (p.15)
Chapitre_2 : Faire de la Palestine la « tête de pont » pour la colonisation de l'Orient arabe.
L'attitude des différents pays européens envers la Palestine (p.22)
Chapitre_3 : La franc-maçonnerie, instrument européen contre l'Empire ottoman (p.29)
Chapitre_4 : La conscience nationale chez les Arabes dans l'Empire ottoman (p.34)
Chapitre_5 : La Révolution des « Jeunes-Turcs » de 1908. Francs-maçons. Sionistes. « Turquisation » de la société ottomane (p.42)

1905-1907 : le Congrès « Campbell Banrman » recommande l'installation d'un « mur humain », fort et étranger, entre les Européens et le vieux monde peuplé d'étrangers près du Canal de Suez

Chapitre_1

Les appétits européens pour les provinces arabes de l'Empire ottoman[3]

Malgré l'échec des Croisades européennes et la reprise de Jérusalem par Saladin, suite à la bataille de Hattin (1187)[4], les Européens n'ont jamais renoncé à coloniser non seulement la Palestine mais l'ensemble de l'Orient arabe.
Les Ottomans (1290--1923) et les Mamelouks (1390-1517) résistent à ces visées pendant plusieurs siècles.

§§§

1- D'abord, affaiblir l'Empire ottoman
2- Le projet de partage des provinces arabes orientales de l'Empire ottoman

§§§

1- D'abord, affaiblir l'Empire ottoman

Au XIX° siècle, les puissances coloniales européennes amorcent la colonisation des terres arabes de l'Empire ottoman.

On observe que les autres provinces ottomanes, non arabes, ne font pas partie des visées coloniales européennes.
Au contraire, elles sont aidées dans leur lutte d'indépendance contre les Ottomans, par ces mêmes pays colonisateurs.
Ces provinces, non arabes, seront indépendantes : Grèce (1830), Bosnie, Bulgarie, Serbie, Roumanie, Monténégro (1878), Crête (1898), etc.

---

[3] - Au début du 19ème siècle, les provinces arabes de l'Empire ottoman comprenaient en gros ce qu'on désigne aujourd'hui par le Monde arabe, moins le Maroc et la Mauritanie.
[4] - La bataille de Hattin, près de Tibériade en Palestine, est la dernière étape de la reconquête de Jérusalem entamée par Saladin.

Avant la chute de l'Empire ottoman, les Européens avaient déjà colonisé des provinces arabes de l'Empire :

Algérie (1830), Sud-Yémen (1839), Tunisie (1881), Egypte (1882), Soudan (1899), Libye (1911).
Le Maroc est sous protectorat français en 1912 et la Mauritanie est sous le même protectorat en 1903 avant de devenir une colonie française en 1920.
Des Emirats de la Presqu'île arabique sont sous le protectorat britannique :
Bahraïn (fin des années 1800), Oman (1891), les actuels Emirats Arabes Unis (1892), Koweit (1899), Qatar (1916).

Les Européens tirent profit des facteurs suivants :
- Les Capitulations : privilèges obtenus par les Européens sur le territoire ottoman (commerce, douanes, etc.) ;
- La protection des minorités religieuses de l'Empire ottoman : le Royaume Uni protège les protestants et les juifs, la France, les catholiques et la Russie, les orthodoxes ;
- L'émigration juive européenne vers la Palestine depuis 1880, émigration encouragée et soutenue par les pays européens, malgré les lois ottomanes interdisant toute installation en Palestine de juifs non ottomans[5] ;
- Le sionisme politique (1er Congrès sioniste de Bâle-1897). Cette doctrine juive, qui vise à coloniser la Palestine, est soutenue par les pays européens et les Etats-Unis d'Amérique[6] ;
- La création de loges maçonniques européennes dans les principales villes de l'Empire ;

---

[5] - Voir : La colonisation de la Palestine (1835-1914), Taleb Si Ahmed, Edition : Books on Demand, Paris, 2017, 212 p.
[6] - Vers la fin du dix-neuvième siècle, juifs religieux et non religieux se liguent en vue de la création d'un «Etat juif» en Palestine, exclusivement juif. C'est le sionisme juif politique.
Theodor Herzl (1860-1904), journaliste juif, édite en 1895 « L'Etat juif » dont l'idée principale est la reconstitution de « l'Etat juif », solution à la question juive. Herzl est considéré comme le fondateur du sionisme politique.

Donc, affaiblir l'Empire ottoman pour occuper ses provinces arabes, tel est l'élément fondamental de la politique européenne animée principalement par l'Angleterre et la France.

L'ambassadeur allemand à Londres n'a-t-il pas écrit à son ministre des Affaires étrangères en 1895, que lord Salisbury (homme politique anglais 1830-1903) cherche à mettre sur pied un projet de partage de l'Orient qui satisferait tout le monde ?[7]

§§§

2- Le projet de partage des provinces arabes de l'Empire ottoman

Les Européens s'entendent pour définir des plans de colonisation de l'Orient arabe.

2 rencontres importantes ont lieu à Londres au début du 20ème siècle :

La première rencontre (L'Entente cordiale, 1904) réunit l'Angleterre, la France, l'Italie et l'Autriche.
Les zones d'influence dans les provinces arabes sont définies comme suit :
Le Maghreb pour la France, le Moyen Orient pour l'Angleterre et la Libye pour l'Italie[8].

La deuxième rencontre, secrète celle-là, se tient sous forme de congrès entre 1905 et 1907.
Elle réunit, toujours à Londres, des représentants de tous les pays européens sauf l'Allemagne (celle-ci en-

---

[7] - The Attitude of the ottoman empire toward the zionist movement 1897-1909, Hassan Ali Hallak, Beyrouth, 1980, 425 pages, p. 113. Voir aussi : Mudakkirat as-Sultan Abdul-Hamid (Mémoires du Sultan Abdul-Hamid II), traduction du turc à l'arabe, présentation, commentaires par Mohammad Harb Abdul-Hamid, Le Caire, 1978, 149 pages.
[8] - Hussayn TRIKI, Voici la Palestine, (traduit de l'arabe au français par Hachemi SEBAÏ, en collaboration avec l'auteur), Tunis, 1972, 333 p., p. 105-106.

tretenant à l'époque de bonnes relations avec les Ottomans)⁹.

Il s'agit de définir un projet de colonisation des provinces arabes orientales en instrumentalisant les juifs, avec la promesse de leur installation en Palestine.

Cette réunion est appelée : « Congrès Campbell Banrman » (du nom du Premier ministre britannique).

Organisé par le Parti conservateur anglais, le congrès réunit historiens, sociologues, agronomes, économistes, géographes, spécialistes du pétrole, etc… représentant les puissances coloniales de l'époque.

Sur les perspectives du colonialisme européen, le congrès recommande l'installation d'un 'mur humain' fort et étranger entre les Européens et le 'vieux monde', peuplé d'étrangers, près du Canal de Suez.

Ce «mur humain» sera ennemi des peuples locaux et ami des Européens et défendant leurs intérêts¹⁰.

---

9 - A propos des relations entre Ottomans et Allemands, le Sultan Abdul-Hamid (1876-1909) dit : « Les Allemands font le plus possible de bien, alors que les autres Européens me nuisent le plus qu'ils peuvent », Attitude ottomane, o.c. p. 162-163.
10 - Voici ce que l'on peut lire dans le rapport du « Congrès Campbell Banrman » :
« La Méditerranée est une mer nourricière et la gardienne des intérêts des Etats coloniaux actuels et à venir. Et tout projet de sauvegarde des intérêts européens passe impérativement par la domination sur cette mer et sur ses côtes méridionales et orientales.
De Rabat à Gaza et tout au long des rivages de l'Océan indien et de la Mer arabe jusqu'au Golfe de Bassora, vit un seul peuple qui tire de l'unité de sa loi, de son histoire, de sa langue et de ses espoirs, toutes les raisons de la solidarité et de l'union ».
«En outre, l'aspiration à la libération qui anime ces populations, l'existence d'immenses richesses naturelles et la forte croissance démographique, sont autant de facteurs de libération, d'union et de puissance» …
« Qu'adviendrait-il si les Arabes en venaient à exploiter eux-mêmes leurs propres richesses et à s'unir ? "…ce serait inévitablement un coup fatal pour les deux empires coloniaux (anglais et français)…ils s'effondraient à l'instar des prédécesseurs grecs et romains.

Quelques années seulement après le Congrès Campbell, en pleine guerre 1914-1918, des traités secrets sont conclus entre les Alliés (Français, Anglais, Russes, Italiens).

Ils se partageront des terres qui ne leur appartiennent pas et qu'ils n'ont pas encore occupées[11].

En 1917, la Déclaration Balfour (anglaise) favorise la création d'un foyer national pour les juifs en Palestine.

Lorsque cette Déclaration est discutée au Conseil des ministres britanniques, Winston Churchill, alors ministre de la Marine, déclare, en soutenant la Déclaration: « il faut absolument séparer l'Egypte de la Syrie par

---

L'union de la population de cette région autour d'une idéologie et pour un objectif commun recèle un péril certain pour les deux empires ».
Enfin le rapport du «Congrès Campbell Banrman» recommande de : « Maintenir le morcellement de cette région et son arriération et utiliser les méthodes les plus subtiles pour séparer les parties les unes des autres.
Etablir impérativement un «hiatus» humain fort et étranger sur la bande terrestre qui relie l'Asie à l'Afrique arabes et les relie toutes les deux à la Méditerranée, et implanter de la sorte une force amie (du colonialisme) et hostile aux habitants de la région ».
Voir : Wathaïq Filastin : Mi'atan wa thamanuna wathiqa mukhtara 1839-1987 (Documents sur la Palestine : 280 documents choisis, 1839-1987), Daïrat ath-thaqafa (O.L.P.), 1987, 486 p., p. 81-82. Documents, Paris, Institut du Monde Arabe.
11 - A- Le 4 mars 1915, Sazonov, ministre russe des Affaires étrangères réclame l'incorporation des détroits des Dardanelles et la ville d'Istanbul dans l'Empire russe. Français et Anglais acceptent pour ne pas compromettre leurs relations avec la Russie.
L'accord de Constantinople (mai 1915) marque la fin de l'influence anglaise en Turquie et dans les détroits, et l'Iran est partagé : le Nord dominé par les Russes, le Sud par les Anglais.
B- Le 26 avril 1915, un accord secret est signé à Londres entre Français, Anglais, Russes et Italiens. Pour récompenser son entrée en guerre (20/08/1915), l'Italie aura tous les droits du Sultan ottoman sur la Libye.
C- Et puis le fameux traité secret Sykes-Picot entre Anglais et Français signé le 16 mai 1916 ». Voir : Palestine, terre des messages divins, Roger Garaudy, 1986, 397 p., p. 185-186.

un obstacle humain hostile, pour contrecarrer leur union»[12].

Fin du chapitre_1

---

[12] - Revue « Novembre », num. 1, Paris, nov.-déc. 1987.

Pour les Britanniques, la Palestine est un point stratégique pour la défense de leurs intérets : le Canal de Suez et la Route des Indes

Chapitre_2

Faire de la Palestine la «tête de pont» pour la colonisation de l'Orient arabe. L'attitude des différents pays européens envers la Palestine.

§§§

1-La France
2-L'Angleterre
3-La Russie

§§§

1- La France

La France lorgne depuis longtemps la Palestine.
Lors de son aventure coloniale de 1799 en Orient, Napoléon Bonaparte appelle les juifs d'Afrique et d'Asie à combattre sous sa bannière pour la reconstruction de l'ancien « Royaume de Jérusalem »[13].

---

13 - L'instrumentalisation des juifs pour s'infiltrer en Orient :
+ L'appel de Napoléon Bonaparte paraît dans Le Moniteur (journal officiel du gouvernement français) du 22 mai 1799.
+ Rapports de la Révolution française avec l'Orient, Lucien Bonaparte, France, 1798. Lucien Bonaparte est le second frère de Napoléon Bonaparte.
+ « La question d'Orient, les Arabes et la renaissance de la nation juive », Ernest Laharan, 1860. Ernest Laharan appartient au Secrétariat de Napoléon III. Il est le leader des sionistes non juifs en France au dix-neuvième siècle. Il appelle dans son livre à l'établissement d'un « Etat juif » en Palestine.
Voir : « Le sionisme non juif : ses racines dans l'histoire de l'Occident », Al Yom Assabeh, hebdomadaire arabe, Paris, 20 janvier 1986.
+ « Le projet d'Etat juif attribué à Bonaparte », Henry Laurens, Revue d'études palestiniennes n° 33, automne 1989, Paris, p. 69-83, p. 71-72.
+ La proclamation de Bonaparte sur les juifs est présentée par les sionistes en 1947 pour justifier leurs prétentions sur la Palestine, voir : « Le projet d'Etat juif attribué à Bonaparte », o.c. p. 72-75.
+ Voir également : J.M.N. Jeffries : The reality (préface de l'auteur datée de fin 1938) traduit de l'anglais à l'arabe sous le titre : Filastin ilaykom al haqiqa, par Ahmad Khalil Al-Hadj, Le Caire (Al Hay'a al

Bonaparte déclare (4 avril 1799) : « la volonté divine m'a envoyé à la tête de cette armée ici...elle a fait de Jérusalem mon quartier général, et c'est elle qui le fera bientôt à Damas »[14].

Le siège de 'Akka (St Jean d'Acre, Palestine) en 1799 est un échec pour Bonaparte.
La résistance de la ville de Ghazza au Français est décrite dans le roman « Al-'Anqa' » (Le Phénix) de l'écrivain palestinien Abdul-Karim As-Sab'awi[15].

Plus tard, la France colonisera l'Algérie (1830) et la Tunisie (1881), deux provinces ottomanes.
Et dès 1914, la France convoite la Syrie (y compris la Palestine). Elle le fait savoir officiellement au Tsar de Russie[16].

---

misriya al 'amma li-ta'lif wal-nachr), tome 1 (1971, 313 p.), tome 2 (1972, 257 p.), tome 3 (1973, 187 p.), tome 4 (1973, 205 p.), tome 1, p. 78.
Jeffries est un journaliste anglais. Les sionistes, aidés par des hommes d'État anglais, américains et autres colonialistes, font tout pour empêcher la diffusion de ce livre. Ils en achètent de nombreux exemplaires pour les brûler. Ceci ne suffit pas.
Les sionistes se rendent dans les librairies anglaises, américaines et françaises pour dissuader leurs propriétaires de vendre l'ouvrage. Le ministère anglais, quant à lui, fait pression sur l'auteur pour ne pas éditer le livre (on est en 1939) prétextant qu'il fallait unir les peuples d'Europe, au lieu de mettre à nu les agissements de l'Angleterre en Palestine.

14 - The Attitude of the ottoman empire toward the zionist movement 1897-1909, Hassan Ali Hallak, Beyrouth, 1980, 425 pages, p. 49-50.
15 - Al Yom Assabeh, hebdomadaire arabe, Paris, 11 sept 1989.
16 - Lors de sa visite à Petrograd (novembre 1914), l'ambassadeur français rappelle au Tsar que la France possède en Syrie et en Palestine un précieux patrimoine de souvenirs historiques, d'intérêts moraux et matériels. Voir : La Déclaration Balfour, 1917 : Création d'un foyer national juif en Palestine, présentée par Renée Neher-Bernheim, Paris, 1969, 473 p., p. 149-150. Dans une conférence publique en mai 1915, le président de la Commission française des Affaires étrangères déclare à la Chambre : « Nous n'aurons pas les mains libres en Méditerranée sauf si la Syrie reste dans notre zone d'influence. Par Syrie, nous désignons non pas une Syrie démantelée, mais la Syrie intégrale (dont la Palestine) de El-Arish au Taurus », voir : La Déclaration Balfour, o.c. p. 149.

2- L'Angleterre

L'Angleterre est le fer de lance des pays européens dans la lutte contre l'Empire ottoman depuis le début du dix-neuvième siècle.
Quand elle occupe l'Egypte en 1882, province arabe ottomane, elle a depuis longtemps déjà des visées coloniales sur la Palestine[17].

En effet, ce pays est un point stratégique pour la défense du Canal de Suez et de la Route des Indes.
La Palestine est également le point de départ d'une éventuelle attaque des Ottomans contre les Anglais afin de libérer l'Egypte.

L'Angleterre pense à l'installation des juifs en Palestine dès 1840 et le gouvernement britannique souligne en 1845 l'importance pour la Grande Bretagne de la judaïsation de la Palestine[18].

Dans la même année (1845), Mitford écrit, dans « Appel en faveur de la nation juive » :
« Outre ses incalculables avantages économiques et stratégiques, un Etat juif mettrait entièrement entre nos mains l'organisation de nos voies de communication à vapeur et nous donnerait une position dominante au Levant, d'où nous pourrions faire échec à toute

---

17 - Les Britanniquess pratiquent la politique définie par le Premier ministre anglais Disraeli au dix-neuvième siècle : pour protéger la Route des Indes et le Canal de Suez, il faut annexer une partie de l'Empire ottoman, dont la Palestine. Benjamin Disraeli (1804-1881) est nommé deux fois Premier ministre du Royaume-Uni.
La même politique sera défendue par ses successeurs.
A la veille de la première guerre, Joseph Chamberlain (1836-1914) est ministre des colonies. Il considère que « la vocation nationale » de l'Empire britannique est de devenir « la force dominante de l'histoire mondiale et de la civilisation universelle ».
Voir : Palestine, terre des messages divins, Roger Garaudy, 1986, 397 p., p.180 (d'après Julien Amery, The life of Joseph Chamberlain, Londres, 195 p., 1951, Vol. IV). Le biographe de Chamberlain considère les juifs comme un groupe de colons prêts à s'implanter en Palestine, Ibid.
18 - Attitude ottomane, o.c. p. 58-59.

tentative de les entraver, surclasser nos ennemis, et éventuellement, repousser leurs attaques »[19].

En protégeant les juifs, la Grande Bretagne profite de leur poids économique pour réaliser ses projets coloniaux en Orient. Dans les années 80 du dix-neuvième siècle, les parlementaires juifs en Grande Bretagne (les Rotchschild, Issac Melchett, etc.) ont de plus en plus d'influence dans l'orientation de la politique britannique au Moyen Orient.

L'opération de la construction du Canal de Suez en 1875 menée par le chef du gouvernement britannique Disraeli n'est pas seulement économique, mais aussi politique. L'opération est financée par le baron Lionel de Rothschild (branche anglaise)[20].
Ainsi, c'est la conjonction, au niveau le plus élevé, des juifs avec l'impérialisme britannique[21].

Par ailleurs, les Anglais se cachent derrière les missions archéologiques pour établir des cartes de territoires arabes et mener des recherches de pétrole[22].

---

19 - Palestine, Terre des messages divins, o.c. p. 52.
20 - Disraeli écrit à la reine Victoria de Grande Bretagne, une fois réunis les capitaux nécessaires à la construction du Canal : « Cela vient d'être fait, vous l'avez, Madame... Quatre millions de livres ! Et presque immédiatement. Il n'y avait qu'une maison qui put le faire, Rothschild. Ils se sont conduits admirablement, avancé l'argent à un taux très bas et toute la part du Khédive est entre vos mains, Madame », voir : André Maurois, Disraeli, Paris (Gallimard, Folio), 1978 (1ère édition 1927), 352 p. p. 270-271.
21 - Voici ce que le dirigeant sioniste Chaïm Weizmann pense de Disraeli :
« Quand je n'étais encore qu'un enfant de 12 ans, j'écrivis à mon 'rebbe' (rabbin) qu'un jour viendrait où l'Angleterre nous donnerait la Palestine, l'Angleterre de Disraeli et de Montefiore », voir : Déclaration Balfour, o.c. p. 49. Voir également Weizmann : Discours et Ecrits, traduction française, Jérusalem, 1946.
Chaïm Weizmann (1874-1952) est le premier président de l'État d'Israël entre 1949 et 1952.
22 - A propos de pétrole, le Sultan ottoman Abdul-Hamid II (1876-1909) envoie des missions techniques au Japon et aux USA pour discuter d'une possible coopération de ces pays dans l'exploitation du pétrole de l'Empire.

Des fonctionnaires anglais sont installés en Syrie. On peut citer les colonels Charles-H. Churchill et Rose. Churchill envoie un mémorandum au Conseil juif anglais l'encourageant à agir avec les autres juifs européens dans le but de la création d'un Etat juif en Palestine[23].

De plus, l'Angleterre ne reconnaît pas les lois ottomanes interdisant l'immigration des juifs européens en Palestine.
Elle donne des instructions dans ce sens à ses consuls en 1904[24].

3- La Russie

En octobre 1840, déjà, un mémorandum en français est adressé par le gouvernement russe au gouvernement prussien : «Des opinions diverses et pour la plupart contradictoires ont circulé récemment en Europe et surtout en France, sur les facilités que les grandes puissances intervenues dans les affaires de l'Orient, auraient, dans ce moment, pour accomplir l'œuvre que les Croisés d'autrefois avaient vainement tentée au cours de leurs longues et sanglantes guerres l'idée d'ériger une souveraineté chrétienne en Palestine, a été mise sinon sérieusement discutée...
Il y a eu même quelques individus qui ont exprimé le vœu d'appeler dans la ville de Salomon les juifs, dispersés dans différents pays pour tenter la conversion sociale et religieuse de ce peuple d'antique et coupable origine »[25].

Les Américains refusent d'aider les Ottomans et la mission japonaise, qui répond favorablement à la demande du Sultan, arrive à Istanbul lorsque le Sultan est déjà déposé (1909), Mudakkirat as-Sultan Abdul-Hamid (Mémoires du Sultan Abdul-Hamid II), traduction du turc à l'arabe, présentation, commentaires par Mohammad Harb Abdul-Hamid, Le Caire, 1978, 149 pages, p. 70-74.
L'espion anglais Lawrence d'Arabie participe à de nombreuses missions archéologiques et « cartographiques » anglaises en Orient.
23 - Attitude ottomane, o.c. p. 59-60.
24 - Attitude ottomane, o.c. p. 204.
25 - La Déclaration Balfour, o.c. p. 442.

La Russie tsariste, après sa victoire en 1878 sur les Ottomans[26], n'est pas loin de réaliser ses rêves : reprendre Istanbul (Constantinople), pour jouer le rôle de l'ancienne puissance byzantine, et prendre pied en Palestine (pour y défendre les intérêts des chrétiens orthodoxes).

Car la Russie se montre très réticente à propos d'un éventuel protectorat catholique sur les Lieux Saints, en faisant référence aux Français qui lorgnent la Palestine. Mais les visées russes sont contrariées par le traité de Berlin (1878)[27], et plus tard par la Révolution russe d'Octobre (1917), occupée par d'autres problèmes.

La Russie est le pays qui fournit le plus de migrants juifs vers la Palestine.

Fin du Chapitre_2

---

26 - Expansion russe dans le Caucase.
27 - Le traité de Berlin (1878) entérine une entente entre Britanniques et Français, la Grande Bretagne reconnaît les intérêts français en Syrie, et la France ceux des Britanniques à Chypre.

Les Francs-maçons contre le Sultan ottoman

Chapitre_3

La franc-maçonnerie, instrument de la politique européenne contre l'Empire ottoman

Les loges maçonniques, qui prônent la sociabilité, sont basées sur des principes inspirés des Templiers de retour de Palestine après l'échec des Croisades : Existence de Dieu, Reconstruction du Temple de Salomon et Inspiration biblique judéo-chrétienne.

La première loge maçonnique connue est créée en Ecosse (Grande Bretagne) en 1717.

La franc-maçonnerie est exportée de Grande Bretagne vers le reste de l'Europe. Acceptée par l'église anglicane, elle est combattue en France et en Italie par l'église catholique.

En France, la tendance antidéiste franc-maçon est victorieuse en 1877.

§§§

1- Création de loges maçonniques dans l'Empire ottoman
2- Personnalités ottomanes franc-maçons

§§§

1- Création de loges maçonniques dans l'Empire ottoman

De nombreuses loges maçonniques sont fondées dans l'Empire ottoman.
A leur début, elles sont composées principalement de commerçants et de diplomates, chrétiens ou juifs.
Ce sont les Anglais qui, les premiers, créent en 1856 une loge à Istanbul, viennent ensuite les Français, les Italiens et les Allemands.

La création des loges maçonniques dans l'Empire ottoman correspond avec l'ère des « Tanzimat »[28].
Les loges diffusent parmi les personnalités ottomanes musulmanes recrutées, les idées libérales, dans le but d'affaiblir l'Etat ottoman hostile aux hégémonies européennes.

Les Etats européens appuient leur politique en Orient sur la franc-maçonnerie.
Par exemple, la France compte sur le Grand Orient de France dont l'influence est importante dans l'Empire ottoman[29]. L'attitude négative du Grand Orient envers les Ottomans est attestée[30].

A Salonique, ville grecque de l'Empire ottoman où réside une forte colonie italienne, il existe de nombreuses loges d'obédience italienne. Et on dit qu'à la fin du 19° siècle, les loges italiennes de Salonique sont devenues les lieux de la conspiration contre le Sultan.
Salonique est un port très riche, d'où sa participation au financement des mouvements d'opposition au Sultan.

En 1909, la ville dénombre 109.000 personnes, dont 80.000 juifs et 20.000 « dönme ».
Les « dönme » (renégats en turc) sont des juifs expulsés d'Espagne en 1492 et réfugiés à Salonique.
Ils se sont théoriquement convertis à l'islam[31].

---

28 - « Tanzimat » : Réformes des institutions administratives, législatives, scolaires, etc. au début du 19° siècle dans l'Empire ottoman.
29 - Revue Humanisme (Centre de documentation du Grand Orient de France), mai-juin 1966, 88 p., p. 33.
30 - En 1900, le Grand Orient de France «décide » la chute du Sultan Abdul-Hamid II, The Attitude of the ottoman empire toward the zionist movement 1897-1909, Hassan Ali Hallak, Beyrouth, 1980, 425 pages, p. 299-300.
31 - Les « Dönme »: Extérieurement ils se disent musulmans, mais on pense qu'ils pratiquent le judaïsme en secret. Voir : Attitude ottomane, o.c. p. 291 (selon la Revue du Monde Musulman, Paris, 1919, tome 9, p. 174). Selon Louis Massignon, les Dönme ont « des accointances curieuses avec le mouvement maçonnique ottoman Union et Progrès ». L'« Union et Progrès » est le parti qui dirigea

Les relations entre les loges et les consuls européens sont importantes[32].

2- Personnalités ottomanes franc-maçons

Voici quelques personnalités ottomanes recrutées par les loges maçonniques :

-Mustafa Fadhil Pacha, libéral, plusieurs fois ministre dans les années 1860, est l'ami et le bailleur de fonds des «Jeunes-Ottomans»[33].

-Le prince Murad futur Sultan Murad V (1876).

---

l'Empire ottoman de 1909 à 1918. Voir : Lawrence d'Arabie, le lévrier fatal 1888-1935, Vincent-Mansour MONTEIL, Paris, Hachette, 1987, 331 p., p. 78 (Selon Louis Massignon, Annuaire du Monde Musulman, Paris, PUF, 1954, p. 413). Tal'at Pacha, un des principaux dirigeants de l'Empire après la chute du Sultan Abdul-Hamid II, aurait été un « Dönme ».

32 - Thierry Zarcone, Mystiques, Philosophes et Francs-Maçons en Islam, Paris (Jean Maisonneuve éditeur), 1993, 546 p., p. 230.
Voyons ce qui se passe aujourd'hui à propos de la maçonnerie dans les pays arabes.
Au début des années 1960, les pays arabes mettent « hors la loi » la maçonnerie qui est accusée de collaborer avec le sionisme. Mais on remarquera que l'Egypte et la Jordanie qui ont signé des Accords de paix avec Israel avaient à leur tête de hauts responsables d'obédience maçonnique.
On cite en particulier le cas du Président égyptien Anouar as-Sadate (1970-1981), dont l'appartenance à la maçonnerie l'« a conduit à Camp David » (Les accords de Camp David (USA) sont signés le 17 septembre 1978 par l'Egypte et Israel).
En Jordanie de hauts responsables jordaniens maçons ont participé activement à la préparation des Accords de Wadi-'Araba entre la Jordanie et Israel.
Par ailleurs, la maçonnerie a aidé à l'établissement de contacts secrets entre Palestiniens et sionistes.
Voir : Algérie-Actualité, hebdomadaire, num. 1267, 25-31 janvier 1990. Voir également : Al-Moharer, hebdomadaire franco-arabe du 29-05-1995 et du 11-09-1995 (interview datée du 12-12-1994 de Patrick Kisl, Grand Maitre de la Grande loge maçonnique de France).

33 - Mystiques,... et Francs-Maçons en Islam, o.c. p. 205.
Les «Jeunes-Ottomans», société secrète ottomane née vers les années 1850.
La société secrète milite pour une réforme de l'Empire Ottoman.

Murad V faisait partie de la loge « I Proodos » (Le Progrès)[34], il succéda au Sultan Abdul-Aziz (1861-1876) assassiné par les « Jeunes-Turcs »[35].
Murad V est lui-même remplacé par Abdul-Hamid II 3 mois plus tard.

-Le Grand vizir Midhat Pacha[36], le père de la Constitution ottomane promulguée en 1872, était franc-maçon. Midhat Pacha mourut étranglé en prison en 1884.

En plus des personnalités, des membres de gouvernement, des chefs militaires, etc., il y avait en 1882 environ 10.000 maçons musulmans. En 1894, le Sultan Abdul-Hamid II fait fermer toutes les loges maçonniques, sauf celles de Salonique qui étaient liées à des Etats européens.
Comme les maçons avaient une grande influence dans le Conseil Municipal de Salonique, les Autorités ottomanes désignèrent d'autres représentants pour atténuer cette influence[37].

Fin du Chapitre_3

---

34 - Mudakkirat as-Sultan Abdul-Hamid (Mémoires du Sultan Abd-Al-Hamid II), traduction du turc à l'arabe, présentation et commentaires de Mohammad Harb Abdul-Hamid, Le Caire, 1978, 149 pages, p.133.
Voir aussi : Mystiques, Philosophes et Francs-Maçons en Islam, o.c. p. 209.
35 - Mouvement d'opposition contre le Sultan Abdul-Hamid II.
Il est à l'origine de la Révolution de 1908 qui a détrôné le Sultan.
36 - Midhat Pacha (1822-1884), Grand vizir du Sultan Abdul-Aziz (1861-1876) puis du Sultan Abdul-Hamid II (1876-1909). Midhat Pacha est, selon le Sultan Abdul-Hamid II, l'ami des Anglais, voir : Les Mémoires du Sultan Abdul-Hamid II, o.c. p. 136.
37 - Attitude ottomane, o.c. p. 290.

« Bilad al 'Arab lil 'Arab » (« La Terre arabe aux Arabes »)

Chapitre_4

La conscience nationale arabe dans l'Empire ottoman

Au milieu du 19ème siècle, les Arabes de l'Empire ottoman commencent à s'organiser et à revendiquer leur autonomie. On situe en général le début de ce réveil dans « Bilad ach-Cham » (La Grande Syrie) qui comprend la Syrie actuelle, la Palestine, la Jordanie et le Liban.

§§§

1- Naissance de la conscience nationale arabe
2- La politique arabe du Sultan Abdul-Hamid II
3- La diffusion de l'enseignement occidental et la faiblesse du mouvement national

§§§

1- Naissance de la conscience nationale arabe

En 1847, Naçif Al-Yazidji (1800-1871) et Boutros Al-Bustani (1819-1883) créent à Beyrouth (Liban) l'« Association littéraire et scientifique »[38].

En 1857, la création de l'« Association scientifique syrienne » est le premier signe de la conscience nationale arabe moderne.

---

[38] - Naçif Al-Yazidji (1800-1871) fait renaître l'héritage arabe. Il écrit plusieurs ouvrages sur la langue et la grammaire arabes. Boutros Al-Bustani (1819-1883) fabrique un dictionnaire arabe et publie plusieurs revues politiques et littéraires dont la revue bihebdomadaire «AlJanan» (1870). Des articles en provenance de diverses provinces arabes figurent dans la revue.
La devise de la revue est : « Hubb al watan min al iman » (L'amour de la patrie fait partie de la foi).
En 1850, création de l'« Association orientale ».
Voir : Yaqdhat Al-'Arab (Le réveil arabe), Georges Antonius, Beyrouth, 1987, 653 p., p. 109-120. C'est la traduction de l'anglais à l'arabe de l'ouvrage : The Arab Awakening, Lippincott, Philadelphie, USA, 1939.

Ibrahim Al-Yazidji, un des fils de Naçif Al-Yazidji, sera le premier à appeler à la 'Libération nationale arabe', dans un poème qui sera transmis oralement.

Le poème aura un grand retentissement à travers toute la Grande Syrie.
Il sera le premier chant du mouvement arabe[39].

Le penseur Abd-arRahman al-Kawakibi (1849--1903) participe à ce mouvement[40]. Il lutte contre l'ignorance de la population et contre les hommes de loi qui s'opposent au progrès de la pensée.
Al-Kawakibi plaide pour le retour du Califat aux Arabes, fonction perdue au profit des Ottomans.

Les aspects religieux accompagnent aussi le mouvement national arabe.
Des appels à la réforme de l'islam et au réveil du monde musulman sont portés par des penseurs tels :
Al-Afghani (1838--1897), Muhammad 'Abduh (1849-1905), et Muhammad Rashid Ridha (1865-1935)[41].

L'aspect « progrès social » est porté également par le mouvement[42].

---

[39] - Ta'rikh harakat al-'Arab al qawmiyya - Yaqdhat al-Arab, (Histoire du mouvement national arabe), Beyrouth, 1987, Dar al 'ilm lilmalayin, 653 p., p.120.
[40] - Abd-arRahman Al-Kawakibi (1849, Alep-1903, Egypte). Emprisonné par le gouvernement ottoman. Libéré en 1898, il se rend en Egypte où il meurt.
A Alep, Al-Kawakibi est surnommé le « Père des pauvres ».
[41] - Muhammad Rashid Ridha (1865, Syrie -- 1935, Le Caire) est influencé par les idées d'Al-Afghani et de Muhammad 'Abduh.
En 1897 Rashid Ridha quitte la Syrie pour le Caire. En 1898 il publie le premier numéro de la revue « Al-Manar », revue qu'il publiera jusqu'à sa mort en 1935.
Voir : Albert Hourani, La pensée arabe et l'Occident, Naufal, Paris, 1991, 415 p. (Original anglais : Arabic Thought in the Liberal Age 1798-1939, Cambridge, 1983).
[42] - Cet aspect se caractérise par l'intérêt que porte le mouvement aux problèmes sociaux à travers une orientation laïque.
Voir : « Jam'iyyat al 'Arabiyya al Fatat wal 'Ahd » (Les Organisations : « al Fatat » et « al 'Ahd »), Al Majallat at-ta'rikhiyya al 'arabiyya lid-dirasat al 'Othmaniyya (Revue arabe d'histoire et d'études ottomanes), num. 3-4, déc. 1991, p. 173-187, p. 176).

Et c'est dans ce climat, qu'« Al-Jam'iyya assariyya » (l'Association secrète) est créée en 1875 à Beyrouth. Elle a des branches à Damas, Tripoli au nord de Beyrouth et Saïda[43]. Un des fondateurs de l'organisation, Dr Farés Namr Bacha, participe également à la fondation de la revue scientifique mensuelle «Al-Muqtataf» et du quotidien «Al-Muqattam», publiés au Caire.
L' «Association secrète» colle clandestinement des affiches sur les murs à travers lesquelles elle appelle les Arabes à se soulever contre le gouvernement ottoman et à éviter la division qui ferait d'eux la proie des Européens.
Ces affiches revendiquent l'autonomie de la Grande-Syrie et la reconnaissance de la langue arabe comme langue officielle.

Contrairement à ce que dit la propagande sioniste, il se développe très tôt dans les provinces arabes et, en particulier en Palestine, la conscience du danger sioniste qui est le bras armé du colonialisme européen.
A partir du Caire, Muhammad Rachid Ridha alerte les Arabes dans son journal « Al-Manar » (avril 1898) sur les dangers sionistes.

Des fonctionnaires et des écrivains arabes résistent simultanément aux Autorités ottomanes et aux sionistes, à l'exemple de Najib 'Azzuri, exilé à Paris.
A partir de Paris, Najib 'Azzuri (1870-1916) revendique l'indépendance d'un Etat arabe.
Il fonde en 1904 la « Ligue de la Patrie arabe » et reçoit l'appui de plusieurs écrivains arabes.
Najib 'Azzuri appelle les Arabes à se libérer de la domination ottomane dans sa déclaration historique de

---

[43] - Les activités de l'« Association secrète » sont interrompues 3 ans plus tard devant la répression ottomane.
Des membres de l'Association émigrent en Egypte.
Georges Antonius qui rapporte l'information a rencontré un des fondateurs de l'Association, Dr Farés Namr Bacha, Yaqdhat al 'Arab, o.c. p. 149-154.
Voir également : « Jam'iyyat al 'Arabiyya al Fatat wal 'Ahd », o.c. p. 176-177).

1904 : « Bilad al 'Arab lil 'Arab » (La Terre arabe aux Arabes).

Ce livre, qui est considéré comme une manifestation politique de l'opposition au pouvoir ottoman, est diffusé massivement.

En 1905, Najib 'Azzuri publie, toujours à Paris, le «Réveil de la nation arabe», où il souligne les dangers de l'expansion sioniste en Palestine et ses conséquences négatives sur la nation arabe. Il déclare qu'on assiste à la naissance de deux phénomènes antagoniques, le réveil de la nation arabe et les efforts développés par les juifs pour occuper la Palestine. Ces 2 mouvements sont destinés, selon 'Azzuri, à se confronter jusqu'à la victoire de l'un sur l'autre.
Et le sort du monde dépendra des résultats de cet affrontement[44].

'Azzuri publie également (avril 1907) une revue mensuelle, « L'Indépendance arabe », pour faire connaître et défendre la cause des pays arabes.
La revue cesse de paraître au lendemain de la Révolution des «Jeunes-Turcs» contre le Sultan Abdul-Hamid II (juillet 1908).

Au début du 20ème siècle, les sionistes essayent de minimiser le mouvement arabe mais, les Autorités ottomanes sont apeurées par la prise de conscience des Arabes, et en particulier, par leur attitude antisioniste.

Mais plusieurs facteurs freinent le réveil du nationalisme arabe :
la politique arabe du Sultan, la diffusion de l'enseignement occidental et le manque de cohésion des leaders nationaux.

---

[44] - « Dawr assahafa al-'arabiyya fi muqawamat as-sahyouniyya (1897-1914) » (Le rôle de la presse arabe dans la résistance contre le sionisme), Ismaïl Ahmad Yaghi, Revue d'Histoire maghrébine, Tunis, num. 57-58, juillet 1990, pp. 523-561, p. 541.
Voir également : Taleb Si Ahmed, La colonisation de la Palestine (1835-1914), Edition : Books on Demand, Paris, 2017, 212 p.

2- La politique arabe du Sultan Abdul-Hamid II

A son arrivée au pouvoir en 1876, le Sultan Abdul-Hamid-II tire les conséquences du nouvel équilibre démographique de l'Empire ottoman, après la perte de plusieurs territoires ottomans.

Le Sultan mène une politique panislamique dans l'intention d'influencer les Arabes, dont les poussées nationalistes commencent à l'inquiéter.
Il mobilise les musulmans autour du thème du Califat ottoman et resserre les liens avec les provinces arabes. Le Sultan s'entoure alors de dignitaires religieux arabes, en particulier soufis.
Des délégations partent d'Istanbul vers les pays musulmans pour leur diffuser le message du Sultan :
fidélité au Califat ottoman, seul moyen de se défaire du danger représentée par la politique agressive des Européens[45].

Le Sultan Abdul-Hamid II développe des Instituts d'études arabes ; il entretient les mosquées de la Mekke, de Médine et d'Al-Quds (Jérusalem).
De plus, le Sultan développe le chemin de fer du Hidjaz (1901-1908), de Damas à Médine afin de relier les villes saintes à Damas, mais c'est aussi pour faciliter le transport des troupes[46].

En 1886, il y avait 3.200 officiers arabes dans l'armée ottomane[47].
La politique arabe du Sultan est telle que « le Palais

---

45 - Le Panislamisme est considéré par les Occidentaux comme des marques de durcissement de l'islam contre l'Occident.
Voir : Al-Jami'a al-islamiyya fi nadhar kulli min Jamal-ad-Din Al-Afghani wa Abdul-Hamid ath-thani (la Ligue musulmane selon Al-Afghani et le Sultan), p. 114-155 (Selon Hicham Charabi, Al-Muthaqqifun al-'Arab wal Gharb, p.114) (Les intellectuels arabes et l'Occident).
46 - Yaqdhat al-'Arab, o.c. p. 141-144.
47 - « Le dernier sursaut (1878-1908) », François Georgeon, pages 523-576, Voir : Histoire de l'Empire ottoman (sous la direction de Robert Mantran), Fayard, 1989.

tomba entièrement entre les mains des Arabes »[48].
Les Arabes mesuraient la sincérité du Sultan à travers ses positions sur le sionisme.
Le Sultan va jusqu'à menacer les «Jeunes-Turcs» d'introduire l'arabe comme langue officielle de l'Empire et d'installer sa capitale à Damas.

Pour mener sa politique panislamique, le Sultan s'appuie sur le penseur (Jamal ad-Din Al-Afghani), appelé auprès de lui.
Mais Al-Afghani se rend compte que le pouvoir dur et personnel du Sultan ne peut constituer un inspirateur pour l'union des musulmans[49].

3- La diffusion de l'enseignement occidental et la faiblesse du mouvement national

Des missions religieuses européennes et américaines s'installent, un peu partout, dans les grandes villes de l'Empire ottoman.

Comme chaque pays occidental avait sa « population à protéger » (orthodoxe, protestante, catholique), ceci entraîna des clivages internes dans la population arabe et l'apparition du communautarisme.

---

48 - Mais cette politique ne supprime pas le contrôle exercé par le pouvoir ottoman sur des personnalités arabes que le Sultan invitait à résider à Istanbul avec leurs familles pour les neutraliser.
On donne l'exemple de la résidence forcée à Istanbul du Chérif de la Mekke, Hussayn ibn Ali, et de ses trois fils pendant 15 ans, Yaqdhat al-'Arab, o.c. p. 140-141.
49 - « Al-Jami'a al-islamiyya fi nadhar kulli min Jamal-ad-Din Al-Afghani wa Abdul-Hamid ath-thani » (la Ligue musulmane selon Al-Afghani et le Sultan) p. 110-112 (Selon Muhamad 'Amara, Al A'mal al kamila li Al-Afghani (Œuvres complètes d'Al-Afghani), p. 167, tome 1). Voir également : Albert Hourani, Al Fikr al 'arabi fi 'Asr an-Nahdha (1798-1939), (La pensée arabe) traduction de l'anglais par Karim 'Azqul, Beyrouth, 1977, 486 p., p. 136.
Selon le journal koweitien « Al-Qabas », Al-Afghani rejoint la loge maçonnique « L'Etoile d'Orient » dépendant de la « Grande Loge » d'Angleterre. En Egypte, la Grande Loge nationale d'Egypte appuya le sionisme et ses visées sur la Palestine.
Voir : Algérie-Actualité (hebdomadaire), num. 1267, 25-31 janvier 1990.

De plus, l'enseignement occidental annulait l'action de personnalités, par exemple Al-Bustani, qui s'étaient élevées contre le communautarisme.
Georges Antonius (1892-1942) déclare que l'action de Najib 'Azzuri, par exemple, n'a pas d'attraction sur le mouvement arabe car il agit à partir d'une capitale étrangère (Paris) et dans une langue étrangère, le français.
C'est le cas de la marginalisation de certains leaders arabes dans leur appel à la Révolution car ils sont éloignés du «Centre», et victimes de l'«enseignement étranger »[50].

Dans un article récent, Najib 'Azzuri est considéré par l'écrivain palestinien Saqr abu Fakhr comme pro-français. 'Azzuri aurait soutenu un protectorat français sur les provinces arabes d'Orient[51].

Le mouvement national arabe sous le règne du Sultan Abdul-Hamid II est faible sauf à deux moments, selon Georges Antonius : lors de la naissance de «L'Association secrète», au début de son règne, et l'action d'Al-Kawakibi à la fin de son règne[52].
Le mouvement national s'affaiblissait au moment où des provinces arabes étaient occupées par les Français (Algérie, Tunisie) et les Anglais (Egypte, Soudan). Dans ces provinces occupées, les activités politiques étaient réprimées, très souvent interdites.
Et l'activité nationale arabe se limita alors à la Grande-Syrie, à l'Iraq et à la Péninsule arabique.

Fin du Chapitre_4

---

[50] - Yaqdhat al-'Arab, o.c. p. 172-173.
[51] - Al-Quds al'Arabi, quotidien arabe édité à Londres, 13/04/2005, p. 17.
[52] - Yaqdhat al-'Arab, o.c. p. 173.

Les « Jeunes Turcs », les Francs-Maçons et les sionistes

Chapitre_5

**La Révolution des « Jeunes-Turcs » de 1908.
Francs-maçons. Sionistes.
« Turquisation » de la société ottomane.**

§§§

Vers le milieu du 19-ème siècle, le mouvement des «Jeunes-Ottomans»[53] sollicite des réformes de l'Empire. Plusieurs membres du mouvement intègrent des loges maçonniques, essentiellement françaises.

Une vingtaine d'annés plus tard, le « mouvement des Jeunes-Turcs » s'est créé[54].
Les «Jeunes-Turcs» s'opposent au Sultan Abdul-Hamid II, avec pour objectif le rétablissement de la Constitution ottomane de 1876 abrogée par ce même Sultan en 1878[55].
L'opposition des «Jeunes-Turcs» au Sultan est soute-

---

53 - Les « Jeunes-Ottomans », société secrète ottomane qui milite pour une réforme de l'Empire Ottoman.
Les «Jeunes-Ottomans» sont inspirés par la franc-maçonnerie française. Ils sont pour une monarchie constitutionnelle, avec pour modèle la France de Napoléon III.

54 - Le mouvement « Jeunes-Turcs » est né le 14 juillet 1889 au sein de l'École de médecine militaire d'Istanbul.
Les « Jeunes-Turcs » se réfèrent aux « Jeunes-Ottomans » et oeuvrent pour le rétablissement de la Constitution ottomane de 1876 supprimée par le sultan Abdul-Hamid II en 1878.
Les formalités d'admission au mouvement sont inspirées du rituel maçonnique.
Le premier congrès des « Jeunes-Turcs » se tient à Paris en février 1902. En 1907, les « Jeunes-Turcs » forment l'« Ittihad wa Attaraqi » (« Comité Union et Progrès ») qui gouvernera de 1908 jusqu'à la fin de la guerre 1914-1918 au nom du nouveau Sultan, Muhammad V, frère du Sultan Abdul-Hamid II déposé.

55 - Le Sultan Abdul-Hamid-II est convaincu de la nécessité d'une Constitution, mais en relation avec le Palais.
Les opposants au Sultan voulaient mettre le Palais de côté, Mudakkirat as-Sultan Abdul-Hamid (Mémoires du Sultan Abdul-Hamid-II), traduction du turc à l'arabe, présentation, commentaires par Mohammad Harb Abdul-Hamid, Le Caire, 1978, 149 pages, p.48.

nue par les Européens, via la franc-maçonnerie et le sionisme. Et les loges maçonniques ouvrent leurs portes aux membres de cette opposition.

Les «Jeunes-Turcs» se soulèvent contre le Sultan Abdul-Hamid II.
La Révolution est proclamée en Juillet 1908.

Les « Jeunes-Turcs » et les francs-maçons

La franc-maçonnerie a pris une part non négligeable dans la Révolution qui réinstaure la Constitution.
Le Sultan Abdul-Hamid II est déposé et interné à Salonique en 1909.

L'influence des juifs chez les « Jeunes-Turcs » a fait que le centre de ce mouvement soit installé à Salonique.
Jean Pierre Garnier pense qu'il était dans le pouvoir des juifs francs-maçons de Salonique de choisir ceux qui devaient faire partie du pouvoir à l'avenir, et ceci sous la pression du mouvement sioniste[56].

Les relations entre les francs-maçons et les « Jeunes-Turcs » sont si fortes qu'on pourrait dire que ce sont les francs-maçons qui ont créé le parti « Union et Progrès » qui gouvernera au nom des « Jeunes-Turcs »[57]. Tous ceux qui visitent Istanbul, après la Révolution, constatent les relations privilégiées entre les «Jeunes-Turcs» et les sionistes[58].

---

56 - Jean Pierre Garnier, La fin de l'Empire ottoman (du Sultan rouge à Mustafa Kemal), France (Plon), 1973, p.90.
57 - L'embryon de l'« Union et Progrès » était constitué d'officiers mécontents de Salonique.
58 - Rafiq Al-Azm dans un article d'Al-Muqattam du 12/08/1909. Pour les relations « Jeunes Turcs »-sionistes, voir : Lewis, B., The Emergence of Modern Turkey, p. 211-212. Voir lettre (27/12/1909) de Marling, chargé d'Affaires britanniques à Istanbul et lettre du 25 mai 1910 de l'ambassadeur britannique à Istanbul Lawther à Gray, ministre des Affaires étrangères. Voir : Lettre à Gray (29/05/1910) sur les moyens sionistes utilisés pour la domination économique de l'Etat ottoman.

Mais les « Jeunes-Turcs » subissent, comme le Sultan Abdul-Hamid II auparavant les pressions des pays européens qui soutiennent l'immigration juive en Palestine[59].

Dans ses Mémoires, le Sultan Abdul-Hamid II parle du lien entre les francs-maçons et les sionistes dans la revendication de ces derniers pour la Palestine.
Le Sultan suivait de près l'activité des francs-maçons ainsi que les décisions du premier Congrès sioniste de Bâle (1897).

Lors de sa déposition par les « Jeunes-Turcs », le Sultan déclare que le Grand Vizir ainsi que le responsable de l'Armée sont vendus aux Anglais[60].

Il s'exprime longuement, dans ses Mémoires, sur la connivence des «Jeunes-Turcs» avec les Européens et les francs-maçons, dans leur opposition contre lui[61].
Le Sultan déclare que les «Jeunes-Turcs» dans leur extrême majorité sont des francs-maçons d'obédience anglaise, aidés et soutenus par des francs-maçons anglais.

L'ambassadeur anglais à Istanbul reconnaît effectivement le soutien de la franc-maçonnerie aux «Jeunes-Turcs»[62].

Voir : Docteur Khayriyya Qasmiyya, « Al-Muqâwama al-'arabiyya li-sahyunuiyya awakhir al-'ahd al-'uthmani 1908-1917 - al-ittijahat ar-raïsiyya », (" La résistance arabe au sionisme "), in Revue d'Histoire Maghrébine, Tunis, num. 29-30, 1983, p. 373-394, p.377.
59 - Ta'rikh Filastin fi awakhir al-'ahd al-'uthmani, 1700-1918 : qira'ah jadidah (Histoire de la Palestine : lecture nouvelle), 'Adil Manna', Beyrouth (Mu'as-sassat ad-dirasat al-filastiniyya), 1999, 358 p., p. 252-253.
60 - Enver Pacha, l'époux de la nièce du Sultan, rencontre celui-ci à plusieurs reprises dans sa résidence surveillée pendant la guerre 1914-1918.
Le Sultan recommande à l'homme fort du régime de signer un traité séparé avec les Alliés, voir : Les Mémoires du Sultan Abdul-Hamid-II, o.c. p.130.
61 - Les Mémoires du Sultan Abdul-Hamid-II, o.c. p. 57-61
62 - Les Mémoires du Sultan Abdul-Hamid II, o.c. p. 49.

La presse arabe signale de son côté qu'après la Révolution de 1908, des juifs et des francs-maçons se sont trouvés à la tête de l'Etat ottoman[63].

Le prince Sabahettin[64], un des leaders de l'opposition au Sultan est invité en 1908 à prononcer un discours dans une loge d'Athènes.
Il remercie la maçonnerie, quoique n'appartenant pas à l'ordre, pour « l'aide apportée à la Révolution ».

Le Grand Orient d'Italie et le Grand Orient de France accueillent avec enthousiasme la Révolution de 1908.
La participation des franc-maçons de Salonique à la Révolution est attestée par le Times du 11/07/1911.

Une personnalité importante de l'«Union et Progrès», Rafiq Bik, reconnaît (août 1908) l'importance de l'aide des franc-maçons italiens aux « Unionistes ».
C'est que l'Italie qui s'appuie sur les francs-maçons de Salonique dans sa lutte contre les Ottomans, attend le moment pour occuper la Libye, ce qu'elle fera quelques années plus tard, en 1911[65].

Après 1908, il y a un engouement pour l'ordre maçonnique au point où la constitution d'un « Grand Orient ottoman » allait absorber les maçons qui désertent les loges étrangères[66].

---

63 - Le ministre de l'Intérieur est Tal'at Bik, franc-maçon, le ministre des finances est le juif Jawid Bik. Le rôle de Jawid Bik et ses relations avec la Palestine et les juifs américains après la Révolution de 1908. En Palestine le rôle des sionistes s'accroît. Des appels sont lancés pour favoriser l'immigration de juifs européens en Palestine, The Attitude of the ottoman empire toward the zionist movement 1897-1909, Hassan Ali Hallak, Beyrouth, 1980, 425 pages, p. 329-330.
64 - Sociologue et homme politique turc (1879-1948).
Neveu du Sultan Abdul-Hamid-II. Il est l'un des principaux leaders du mouvement «Jeunes-turcs» et le dirigeant du premier parti d'opposition «Osmanlı Ahrar Fırkası».
Il est considéré comme le fondateur du centre-gauche libéral.
65 - Attitude ottomane, o.c. p. 316-317.
66 - Thierry Zarcone, Mystiques, Philosophes et Francs-Maçons en Islam, Paris (Jean Maisonneuve éditeur), 1993, 546 p., p. 252.

Des slogans et des mots d'ordre, ainsi que des insignes, fanions et symboles utilisés par le mouvement des « Jeunes-Turcs » sont empruntés aux francs-maçons.

Le jour de l'annonce de la Révolution (23 juillet 1908), de nombreux orateurs turcs entonnent la «Marseillaise», l'hymne national français[67].

Les « Jeunes-Turcs » et les sionistes

Les « Jeunes-Turcs » et les sionistes avaient en commun leur opposition au Sultan, mais pour des raisons différentes.

Les premiers luttent pour le rétablissement de la Constitution. Alors que le but des seconds est de trouver une alternative à un Sultan qui s'opposait toujours à l'installation massive de juifs européens en Palestine. Pour les sionistes, la chute du Sultan est bien plus importante que le rétablissement de la Constitution.

L'opposition des «Jeunes-Turcs» au Sultan s'organise aux congrès de Paris (1902 et 1907).

Quant aux sionistes, l'une de leurs armes était leur infiltration dans les médias et les organisations turques de l'opposition (au Sultan) :

Le journal ottoman «Al-Iqdam», les journaux d'Istanbul en français : L'Aurore, Orient, Le Jeune Turc, les journaux en arabe : Al-Nasir à Beyrouth, Al-Nafir à Jérusalem et Al-Akhbar à Yafa-Jaffa sont tous subventionnés par le mouvement sioniste[68].

Par ailleurs, il faut remarquer l'activité des juifs d'Egypte contre le Sultan.

Le Comité israélite en Egypte (occupée par les Anglais depuis 1882) considère parmi ses devoirs les plus importants l'introduction dans l'Empire d'écrits contre le Sultan rédigés par les « Jeunes-Turcs »[69].

---

67 - Attitude ottomane, o.c. p. 302-303, 312, 315, 371.
68 - Attitude ottomane, o.c. p. 167-168.
69 - Les Mémoires du Sultan Abdul-Hamid, o.c. Introduction, p.12.

Un historien sioniste reconnaît que de nombreux juifs sont membres de l'« Union et Progrès », qu'ils reçoivent des moyens financiers des capitales européennes et qu'ils sont formés à la « politique anti-Sultan » de ces capitales.

Une haute personnalité turque dit que l'appui apporté par les juifs à la lutte contre le Sultan était une étape pour arriver à sa déposition, avant de se diriger vers la Palestine[70].

Les sionistes accueillent chaleureusement la Révolution des « Jeunes-Turcs »

Voici la lettre, rédigée en français, adressée en 1908, à la revue sioniste allemande : « Neue Freie Presse », par le chef d'Etat-Major des «Jeunes-Turcs», juste après l'annonce de la révolution de 1908 :

« Très honoré Monsieur, c'est aujourd'hui le premier jour de la liberté ; le peuple entier (Turcs, Bulgares, Serbes, etc.) a célébré cette fête. Si le Sultan ne tient pas compte de nos revendications, nous marcherons sur Constantinople ».
Signé : Enver, membre du «Comité Ottoman d'Union et Progrès», général d'Etat-Major[71].

Le chef de l'Armée, Mahmud Chawkat Pacha, qui a dirigé la marche de l'armée de Salonique vers Isanbul, pour déposer le Sultan, devient en 1913 Grand Vizir.

Les juifs ottomans, en particulier ceux de Salonique, qui ont participé à la Révolution, accueillent avec joie la chute du Sultan. Et le journal juif « L'Aurore » du

---

[70] - Attitude ottomane, o.c. p. 300-304.
[71] - Attitude ottomane, o.c. p. 363. (Lettre citée dans la Revue du Monde Musulman, tome 5, Paris, 1908).
Un observateur anglais est attiré par l'appel de la revue « Neue Freie Presse » en direction de l' «Union et Progrès» : le plus important est d'attaquer Istanbul sans perdre de temps (et ne pas rester à Salonique), Attitude ottomane, o.c. p. 317-318.

27/12/1909 est content de la mise à l'écart de l'« ennemi d'Israel »[72].

Un juif, ami des « Jeunes-Turcs », est nommé par le gouvernement ottoman en 1908 « Grand rabbin d'Istanbul », représentant l'ensemble des juifs de l'Empire. Il s'agit du rabbin Haïm Na'oum[73].

Selon, Lawther, l'ambassadeur anglais à Istanbul, les «Jeunes-Turcs» et les juifs agissent en couple les premiers tiennent l'Armée, les seconds, la Finance et le poids de la Presse en Europe[74].

La politique de turquisation des provinces arabes de l'Empire ottoman

Avec l'arrivée de l'« Union et Progrès » au pouvoir, un nouveau parlement ottoman est élu (déc. 1908).
En effet, le programme de l'« Union et Progrès », publié à Paris en 1895, vise à installer un régime parlementaire et à donner le pouvoir politique à toutes les composantes de l'Empire ottoman, et pas seulement aux Turcs[75].
Dans le nouveau parlement, les Arabes occupent 60 sièges sur 245.

---

[72] - « La résistance arabe au sionisme », o.c. p. 378.
[73] - Voir : Un grand rabbin Sépharade en politique 1892-1923.
Textes présentés par Esther Benbassa.
Préface d'Annie Kriegel, Presses du CNRS, 1990. Note de lecture de ce livre dans Al-Yom Assabi' (hebdomadaire arabe édité en France), 14 et 28 mai 1990.
[74] - Muthakkirat as-safir al-britani fi Turqiyya ila wizarat kharijiyyatihi 'an 'alaqatal-yahud bi harb Achichan (août 1910) (Mémoire de l'ambassadeur britannique à son ministre des Affaires étrangères à propos de la relation des juifs avec la guerre en Tchétchénie (1910), selon le livre : Al-Muchkilat al-qanuniyya al-mutafarri'a 'anqadhiyyat Filastin du professeur Hamed Sultan (Questions de droit à propos de la Palestine).
Voir : Wathaïq Filastin: Mi'atan wa thamanuna wathiqa mukhtara 1839-1987.
(Documents sur la Palestine 280 documents choisis, 1839-1987), Daïrat ath-thaqafa (OLP), 1987, 486 p., p. 42-43. Documents, Paris, Institut du Monde Arabe.
[75] - L'empire ottoman, Q.S.J., Paris, p. 118.

Et trois arabes seulement (sur 40 membres) sont désignés par le Sultan au Conseil des notables.
Cette sous-représentation secoue la confiance des Arabes affiliés au parti « Union et Progrès »[76].

Le nouveau gouvernement ottoman pratique une politique à laquelle ne s'attendent pas les différentes nationalités non turques de l'Empire: supériorité de l'élément turc sur les autres, poursuite de la politique de centralisation.

S'agissant des provinces arabes de l'Empire, la turquisation s'emploie à faire disparaître les marques de la langue et de la personnalité arabes. L'« Union et Progrès » rend obligatoire la langue turque dans les écoles et les tribunaux des provinces arabes.

L'anglais T.L. Lawrence (dit Lawrence d'Arabie) témoigne, de son côté, de l'arrivée des « Jeunes-Turcs » au pouvoir. Il déclare :

« Les Turcs terrifiés devant les forces ainsi libérées reculèrent aussi promptement qu'ils s'étaient avancés. Leur cri devint « Yeni Turan » (Aux Turcs la Turquie). Les assemblées arabes sont dispersées, la langue et les manifestations arabes sont interdites par Enver Pacha avec une brutalité jamais atteinte sous le Sultan Abdul-Hamid II »[77].

Par ailleurs, les francs-maçons aident l'« Union et Progrès » à réprimer le « Parti ottoman pour la Décentralisation » (à majorité arabe), ce qui ne manque pas

---

[76] - Les Arabes de l'Empire ottoman comptent à ce moment-là 10,5 millions de personnes (sans l'Egypte), les Turcs, 7,5 millions et les autres nationalités, 4 millions.
Voir : Yaqdhat Al-'Arab (Le réveil arabe), Georges Antonius, Beyrouth, 1987, 653 p., p.179. L'original de l'ouvrage en anglais (The Arab Awakening, Lippincott, Philadelphie, USA, 1939) est traduit à l'arabe par Nasr adDin Al Asad et Ihsan 'Abbas sous le titre (Yaqdhat Al-'Arab : Ta'rikh harakat al'Arab alqawmiyya, Beyrouth, Dar al'ilm lil malayin).
[77] - T.L. Lawrence, Les Sept Piliers de la Sagesse, Paris, 1958, p. 58-59.

de provoquer encore davantage de scissions entre Arabes et Turcs[78].

Pour arriver aux postes de décision, les juifs poussent dans le parti des « Jeunes-Turcs » les orientations nationalistes turques[79], et le mouvement arabe devient leur cible, car celui-ci prend au sérieux la question sioniste.

On avait cru, qu'à l'arrivée au pouvoir des « Jeunes-Turcs », les provinces ottomanes arabes perdues seraient réintégrées dans l'Empire. Au contraire, la Lybie sera perdue en 1912.

Et pourtant l'idée de la réintégration dans l'Empire de ces provinces n'était pas absente.
On peut citer l'épisode de nationalistes égyptiens et turcs de la société secrète « Hilal-i Osmaniyye », fondée en 1910 à Damas, qui militent pour faire revenir dans l'Empire, l'Algérie, la Tunisie et l'Egypte, provinces ottomanes toujours occupées par les Français et les Anglais[80].

Les «Jeunes-Turcs» reconnaissent l'activité des sionistes en Palestine[81]

Les juifs de Salonique visitent la Palestine et disent du bien des colonies juives.
Celles-ci obtiennent des appuis officiels de personnalités des « Jeunes-Turcs » et des sionistes[82].
Les sionistes ouvrent des bureaux dans plusieurs villes de l'Empire et leur rôle en Palestine s'accroît.
Ils créent une banque à Istanbul[83].

---

[78] - Abd-al-Hadi 'Awny, Mudhaqqirat (Mémoires), Centre d'Etudes de l'Unité Arabe, Beyrouth, 2002, 576 p., p. 34.
[79] - « Questions de droit à propos de la Palestine », o.c.
[80] - Mystiques, philosophes et Francs-Maçons en Islam, o.c. p. 267-268.
[81] - Attitude ottomane, o.c. p. 232-234.
[82] - Attitude ottomane, o.c. p. 333-334.
[83] - Attitude ottomane, o.c. p. 335.

Le mouvement sioniste à Yâfâ (Jaffa) en Palestine envoie un message de félicitations au nouveau gouverneur désigné par les «Jeunes-Turcs» et fait ouvrir un bureau d'achat de terres.
Le mouvement annonce également la construction de quartiers juifs près de la ville.

Les sionistes demandent également une représentation au parlement ottoman afin de défendre leur cause et demander leur autonomie en Palestine[84].
Comme ils n'ont pas de représentants au parlement, en tant que tels, les sionistes se rapprochent des cinq députés juifs ottomans, pour recruter des juifs ottomans à leur doctrine[85].

Des attitudes du gouvernement «Jeunes-Turcs» sont perçues par la population palestinienne comme un alignement du côté des sionistes.
Par exemple, après 1908, les Autorités ottomanes autorisent des fouilles archéologiques sous la mosquée Al-Aqsa à Jérusalem par des missions juives britanniques[86].

Cependant, la mobilisation des Palestiniens font que la politique des « Jeunes-Turcs », entre 1908 et 1914, vis à vis de l'immigration juive européenne et la création d'un « Etat juif », ne change pas totalement par rapport à celle du Sultan Abdul-Hamid II qui s'est toujours opposé à l'installation de juifs étrangers en Palestine. **Fin du Chapitre_5**

---

[84] - Le mouvement sioniste n'aura pas de représentant au parlement ottoman, Voir : « Dawr assahafa al-'arabiyya fi muqawamat as-sahyouniyya (1897-1914) (Le rôle de la presse arabe dans la résistance contre le sionisme), Docteur Ismaïl Ahmad Yaghi, Revue d'Histoire maghrébine, Tunis, num. 57-58, juillet 1990, pp. 523-561, p. 544.
[85] - Attitude ottomane, o.c. p. 262-263.
[86] - La population réagit lorsque les travaux commencent. Ceux-ci seront alors interrompus par les Autorités locales. Cette affaire est développée dans la revue palestinienne « Al-Karmil », Attitude ottomane, o.c. p. 264-265.

Les Arabes sont écartés des Accords (entre Européens) qui scellent leur sort

PARTIE_B

Les Accords Sykes-Picot (avril-mai 1916).
Les Accords Hussayn-MacMahon (30/03/1916).
La Révolte arabe.

§§§

Au début du vingtième siècle, les Autorités ottomanes sont confrontées avec la décomposition de leur empire, en particulier après la guerre des Balkans (1912), et elles n'arrivent pas à résoudre le problème des minorités.

Un mouvement arabe revendiquait, bien avant la guerre 14-18, l'autonomie des provinces arabes dans le cadre de l'Empire ottoman. Pour ce mouvement, il n'y avait pas de conflit entre « l'engagement dans l'ottomanisme et la revendication de l'héritage arabe »[87].

De plus, l'attitude des Autorités ottomanes envers le sionisme n'est pas appréciée des Arabes. En effet, à la veille de la guerre, on compte 47 colonies juives en Palestine[88].

C'est en pleine guerre 1914-1918 que le sort des provinces arabes de l'Empire ottoman (Syrie, Liban, Jordanie, Palestine, Iraq) sera scellé.

Des tractations se font entre Anglais et Arabes ce qui donnera lieu aux Accords Hussayn-MacMahon (juillet 1915-30 mars 1916).

---

[87] - Rachid Khalidi, L'identité palestinienne : la construction d'une conscience nationale, Ed. La Fabrique, Paris, 2003, 402 p., p. 145. (Traduit de l'anglais par Joëlle Marelli : Palestinien Identity : The Construction of Modern National Consciensness, Columbia University Press (New York), 1997, 309 p).
[88] - « Bina' ad-dawla al-yahudiyya 1897-1948 : al-adat al'askariyya », (La construction de l'Etat juif 1897-1948 : les instruments militaires), Walid Khalidi, Majallat ad-Dirasat al Filastiniyya, Beyrout, (Revue d'études palestiniennes, en arabe), num. 39, été 1999, p. 65-103, p. 67.

En mai 1916, Anglais et Français se partagent déjà, à travers les Accords Sykes-Picot des provinces qu'ils ne possèdent pas.
Et en novembre 1917, la Déclaration Balfour garantit un foyer national pour les juifs en Palestine.

Les Arabes, non seulement ne participent pas aux Accords Sykes-Picot et à la Déclaration Balfour, mais ils ne sont même pas au courant de la préparation de ces accords. Ils ne seront qu'un jouet entre les mains des Anglais et des Français.

Cette PARTIE_B traite des Accords Sykes-Picot, des Accords Hussayn-MacMahon et de la Révolte arabe.

§§§

Chapitre_6 : Les Accords Sykes-Picot et les Accords Hussayn-MacMahon : Introduction et contexte historique (p.56)
Chapitre_7 : Les Accords Sykes-Picot. Enjeux politiques et militaires (p.62)
Chapitre_8 : La Révolte arabe. La préparation (p.71)
Chapitre_9 : La Révolte arabe. L'action (p.89)
Chapitre_10 : La Révolte arabe et la France (p.106)
Chapitre_11 : La Palestine pendant la guerre (1914-1918) (p.112)
Chapitre_12 : Les révélations publiques des Accords Sykes-Picot (p.123)
Chapitre_13 : La Palestine et le futur Etat arabe indépendant décrit dans les Accords Hussayn-MacMahon (p.133)

§§§

Les «Accords Sykes-Picot» : s'opposer à l'émancipation d'un Etat arabe

Chapitre_6

Les Accords Sykes-Picot et les Accords Hussayn-MacMahon : Introduction et contexte historique

@@@

1- Introduction
2- Contexte historique

@@@

1- Introduction

Les Accords Sykes-Picot (entre la France et la Grande-Bretagne) font partie de l'Accord de Petrograd (Russie) conclu entre la France, la Grande-Bretagne et la Russie tsariste en mars 1916.
D'après l'Accord de Petrograd, l'Empire ottoman sera partagé entre les trois pays :
Les provinces arabes pour la France et l'Angleterre et les provinces turques du nord et de l'est pour la Russie (prolongeant ainsi ses territoires du Caucase).
Le même accord prévoit également l'internationalisation de la Palestine[89].
Après la Révolution russe d'Octobre 1917 la Russie ne sera plus dans le coup.

A partir de la mi-1915, les Anglais entretiennent des contacts secrets avec les Arabes.
A ce propos, Raymond Poincaré, Président de la République française, annonce (27/10/1915) que «l'Angleterre a dit un mot de ses négociations, peut-être assez inopportunes avec le Chérif de la Mekke».

---

[89] - Selon l'Accord de Petrograd, toutes les deux parties reconnaissent à la troisième les régions de l'Empire ottoman, après sa division.

Selon les Anglais, Georges Picot, ancien Consul général de France à Beyrouth, est mis au courant le 23 novembre 1915 de leurs tractations avec le Chérif Hussayn. La réponse arrive le 21 décembre : le Gouvernement français comprend la dimension du Mouvement arabe, et donc des Accords entre Arabes et Anglais, et il se dit « prêt à tous les sacrifices pour séparer les Arabes des Turcs »[90].

Les contacts entre les Arabes et les Anglais se traduiront par les « Accords ou Correspondance Hussayn-MacMahon (juillet 1915-mars 1916) »[91].

2- Contexte historique

Le but des Accords Sykes-Picot entre les Anglais et les Français est de s'opposer à l'émancipation d'un Etat arabe qui comblerait le vide créé dans les provinces arabes par la disparition de l'Empire ottoman.

Le cas de l'Egypte de Muhammad Ali (1769-1849) a traumatisé les chancelleries européennes.
En effet, dans la première moitié du 19-ème siècle, Muhammad-Ali Pacha, le gouverneur d'Egypte (1805-1849) s'éloigne du gouvernement central ottoman. Il conquiert la Syrie dont la Palestine et arrive aux portes d'Istanbul.

---

90 - Déclaration Balfour, 1917 : Création d'un foyer national juif en Palestine présentée par Renée Neher-Bernheim, Paris, 1969, 473 pages, p. 154-155.
91 - Des accords secrets sont passés (juillet 1915-mars 1916), en pleine guerre, entre le Chérif de la Mekke Hussayn, du côté des Arabes, et MacMahon, gouverneur anglais de l'Egypte occupée. Ces accords qui scellent l'alliance des Arabes avec les Anglais contre les Ottomans prévoient l'indépendance des Arabes, une fois assurée la victoire des Alliés contre l'Allemagne.
Hussayn, mènera la « Révolte arabe » contre les Ottomans.
Pour la correspondance Hussayn-MacMahon (10 messages), voir : Yaqdhat Al-'Arab (Le réveil arabe), Georges Antonius, Beyrouth, 1987, 653 p., p.545-577. L'original de l'ouvrage en anglais (The Arab Awakening, Lippincott, Philadelphie, USA, 1939) est traduit à l'arabe par Nasr adDin Al Asad et Ihsan 'Abbas sous le titre (Yaqdhat Al-'Arab : Ta'rikh harakat al'Arab alqawmiyya, Beyrouth, Dar al'ilm lil malayin).

Lorsque la Palestine était de 1831à 1841, sous le gouvernement de Muhammad-Ali Pacha, Lord Shaftesbury propose, en 1838, à Lord Palmerston (1784-1865), ministre britannique des Affaires étrangères, un projet de colonisation de la Palestine par les juifs, sous protection britannique[92].

C'est ainsi que la même année, un consulat britannique est ouvert à Al-Quds (Jérusalem), ce qui fait naître chez Mohammad-Ali Pacha des doutes sur les intentions des Anglais et des juifs[93].

En installant une population juive « amie » en Palestine, la Grande-Bretagne vise à contenir l'Egypte, au nord, et l'empêcher de s'étendre en Syrie[94].

Muhammad-Ali a toujours refusé l'installation de juifs en Palestine.

En 1840, une coalition, formée lors du traité de Londres (15 juillet 1840) et comprenant la Grande Bretagne, la France, la Prusse, l'Autriche et la Russie, bombarde Beyrouth (Liban) et 'Akka en Palestine (St-Jean d'Acre) et oblige Mohammad-Ali à restituer au Sultan les territoires conquis.
La coalition oblige également son fils, Ibrahim Pacha, à quitter la Syrie dont il était gouverneur.
Il s'agissait, pour la coalition d'éviter la naissance d'un monde arabe moderne et le renouvellement de l'expérience des Mamlouks qui gouvernèrent l'ensemble Eg-

---

92 - Lord Shaftesbury (1801-1885), millénariste protestant anglais.
93 - Amine Mahmud 'Ataya, « Al Istaytan as-sahyuni fi Filastin : 1882-1991 » (La colonisation sioniste en Palestine), Al-Wahda, Rabat (Maroc), num. 99, décembre 1992, p. 43-60, p. 44.
94 - « Si le peuple juif retourne en Palestine sous la protection et la bénédiction du Sultan, ce sera une interposition entre Muhammad-Ali (ou son successeur) et la réalisation de son projet néfaste à l'avenir », Mémoire cité dans « Al Muchqilat al-qanuniyya al mutaffi'a 'an al-qadiyyat al-filastiniyya (Questions de Droit et Palestine), Docteur Hamed Sultan, in : Wathaïq Filastin: mi'atan wa thamanuna wathiqa mukhtara 1839-1987 (Documents sur la Palestine, 280 documents choisis : 1839-1987), Daïrat ath-thaqafa (O.L.P.), 1987, 486 p., p. 9. Documents, Paris, Institut du Monde Arabe.

ypte-Syrie de 1250 à 1517 et qui chassèrent définitivement les Croisés de la région[95].

Les Egyptiens voient en Mohammad-Ali Pacha l'initiateur de la renaissance arabe (an-Nahda)[96].

Ainsi, l'installation de juifs en Palestine n'est pas un but en soi pour les Européens, mais un moyen pour coloniser l'Orient arabe. Le colonialisme européen n'a pas hésité à instrumentaliser les juifs européens et les juifs ottomans pour en faire une communauté liée à l'Occident.

Et le plus cynique dans cette affaire est que les juifs britanniques ne profiteront des mêmes droits que les autres citoyens britanniques qu'en 1890 seulement[97]. Alors que les juifs ottomans bénéficiaient des droits civiques, bien avant la Grande Bretagne, l'Allemagne, etc.

De même, un texte « Aliens Act » est voté par l'Angleterre en 1905 limitant l'immigration de juifs venant de l'Europe centrale et orientale.

Le comble, c'est Arthur Balfour, en tant que Premier Ministre (depuis 1902), qui a préparé ce texte. Alors que les Britanniques limitaient l'entrée de juifs dans leur pays, les Ottomans accueillaient, depuis le 16ème siècle, les juifs expulsés d'Espagne ou persécutés en Europe.

Enfin, l'aboutissement ultime de l'instrumentalisation

---

[95] - Notons qu'en 1958, il y eut une tentative d'union entre l'Egypte, la Syrie et le Yémen : la « République Arabe Unie » qui a duré jusqu'en 1961.
[96] - Mohammad-Ali a des ambitions propres. Pourquoi pas un empire arabe indépendant des Ottomans ? Voir : Lotfallah Soliman, Pour une histoire profane de la Palestine, Paris, Ed. La découverte, 1988, 210 p., p. 10. La Grande Bretagne combat cette idée.
[97] - La France adopte la même attitude, avec le même cynisme, en s'imposant auprès des Autorités ottomanes comme protectrice des Algériens qui se réfugiaient en Syrie, pour fuir la soldatesque française qui mettait à feu et à sang leur pays occupé depuis 1830.

des communautés juives est la création d'«Israel», au nom de tout l'Occident[98].

Fin du Chapitre_6

---

[98] - « Ach-Chakhsiyya al-yahudiyya al-israiliyya wa ar-ruh al-'udwaniyya » (La personnalité juive israélienne), Rachad Ach-Chami, Le Caire, Dar Al-Hilal, 2002.
L'alliance militaire entre les USA et Israel (1996) a pour but de s'opposer au nationalisme arabe qui n'accepte pas l'existence de cette Entité dans son sein.

Les Accords Sykes-Picot : Anglais et Français se partagent l'Orient arabe

Chapitre_7

Les Accords Sykes-Picot : les enjeux politiques et militaires

« Les Accords Sykes-Picot ne consacraient pas seulement une nouvelle occupation mais annonçaient une rupture pour les Palestiniens comme pour les autres Arabes (...). Le partage envisagé par les Anglais et les Français frappa de plein fouet une aspiration panarabe à l'indépendance et à l'unité».
(Elias Sanbar, Palestine 1948 : L'expulsion, Institut d'Etudes Palestiniennes, Washington, 1984, 236 p., p.11).

@@@

1- La préparation des Accords Sykes-Picot
2- La Palestine, enjeu politique et militaire pendant la guerre 1914-1918
Tractations des Français et des Anglais avec les sionistes

@@@

1- La préparation des Accords Sykes-Picot

La décision du partage des provinces arabes de l'Empire ottoman entre les Anglais et les Français est prise lors de la bataille des Dardanelles (février 1915)[99].

Un mois plus tard, Mark Sykes, parlementaire britannique et spécialiste de l'Empire ottoman, et Georges Picot, ancien Consul général de France à Beyrouth, seront chargés de négocier ce partage.

Les pourparlers entre les Anglais et les Français commencent en octobre 1915.

---

[99] - Les Dardanelles sont un détroit reliant les mers Egée et Marmara. Les Alliés ne sont pas arrivés à le prendre aux Ottomans pendant la guerre 1914-1918.

Raymond Poincaré, le président de la République française, annonce le 27 octobre que « l'Angleterre nous a demandé d'entrer en conversation avec elle pour fixer les limites de la Syrie »[100].

Dans un rapport secret, l'anglais Thomas Edward, dit Lawrence d'Arabie, déclare en janvier 1916 :

« Si nous voulons la paix dans le sud de la Syrie, et en même temps tenir les villes saintes et le sud de la Mésopotamie, il est essentiel que Damas nous appartienne ou soit aux mains d'une quelconque puissance amie non musulmane...
Vraisemblablement, si nous étions les maîtres de toute la Syrie, il conviendrait de partager le gâteau avec les Français »[101].

Les négociations franco-anglaises donneront lieu aux « Accords Sykes-Picot » signés à Londres (entre le 9 et le 16 mai 1916), par le ministre anglais des Affaires étrangères, Edward Grey, et l'ambassadeur français Paul Cambon.

A travers ces accords, Français et Anglais se partagent des pays qu'ils ne possèdent pas.

Les Accords Sykes-Picot sont restés secrets jusqu'à la Révolution russe d'Octobre 1917[102].

---

[100] - Déclaration Balfour, 1917 : Création d'un foyer national juif en Palestine présentée par Renée Neher-Bernheim, Paris, 1969, 473 p, p.154-155.
[101] - Lawrence d'Arabie, le Lévrier fatal 1888-1935, par Vincent-Mansour MONTEIL, Paris, Hachette, 1987, 331 p., p. 85-86.
[102] - Après la Révolution russe de 1917, Trotski fait publier le texte des Accords Sykes-Picot, en russe, dans les « Izvestia » (24 nov. 1917). En Angleterre la traduction anglaise paraît dans le « Manchester Guardian » (19 janv. 1918). Les Turcs font publier le texte dans le journal arabe « Al-Mustaqbal », Voir : Le lévrier fatal, o.c. p. 91. En 1924 paraît le livre «Le partage de la Turquie asiatique» qui contient des lettres secrètes du ministre russe des Affaires étrangères.

Les pricipaux point des Accords Sykes-Picot

A-« La France et l'Angleterre reconnaissent et protègent tout Etat arabe indépendant, ou un groupe d'Etats arabes, sous l'autorité d'un chef arabe, dans les deux régions englobant la Syrie (pour la France) et l'Iraq (pour l'Angleterre).

Ces deux puissances auront la priorité dans les projets et les crédits locaux. Chacune de ces deux puissances proposera dans sa région d'influence les conseillers et les fonctionnaires étrangers, suivant la demande de l'Etat arabe ou le groupe d'Etats arabes ».

B-« Une administration internationale de la Palestine sera définie après consultation avec la Russie et après un accord avec les autres Alliés et les représentants du Chérif de la Mekke.
Cependant la Grande-Btetagne occupera les ports palestiniens de Haïfa et St Jean d'Acre et sera la seule à créer, gérer et posséder la ligne de chemin de fer qui reliera Haïfa à la région que s'octroie l'Angleterre »[103].

§§§

Le ministre britannique des Affaires étrangères (Edward Grey) adresse une lettre à l'ambassadeur français à Londres, Jules Cambon, confirmant l'internationalisation de la Palestine dans le cadre des discussions Sykes-Picot[104].

---

103 - Déclaration Balfour, 1917 : Création d'un foyer national juif en Palestine présentée par Renée Neher-Bernheim, Paris, 1969, 473 p., p. 151.
Les Accords Sykes-Picot comportent 12 points, voir : Yaqdhat Al-'Arab (Le réveil arabe), Georges Antonius, Beyrouth, 1987, 653 p., p. 578-582. L'original de l'ouvrage en anglais (The Arab Awakening, Lippincott, Philadelphie, USA, 1939) est traduit à l'arabe par Nasr adDin Al Asad et Ihsan 'Abbas sous le titre (Yaqdhat Al-'Arab : Ta'rikh harakat al'Arab alqawmiyya, Beyrouth, Dar al'ilm lil malayin).
104 - Foreing Office, le 16 mai 1916.
Votre excellence,

Notons que les Etats arabes dont il est question dans les Accords Sykes-Picot ne seront ni plus ni moins que de vraies colonies et leur indépendance une illusion !

Quant à l'internationalisation de la Palestine (doit-on dire plutôt «sous contrôle européen !»), ce n'est qu'un argument pour éviter des frictions entre les Alliés en pleine guerre contre l'Allemagne.

Cependant, les Anglais n'ont jamais cessé d'agir pour évincer leurs concurrents pour le contrôle de la Palestine, particulièrement les Français.

La concurrence entre l'Angleterre et la France pour l'emprise sur la Palestine a fait que la déclaration anglaise dite «Déclaration Balfour» (reconnaissant la Palestine comme un foyer national du peuple juif) est publiée le 2 nov. 1917 à Londres, en pleine guerre et non après la fin de celle-ci, lors des Traités de Paix de Versailles.

En somme, Anglais et Français se partagent l'Orient arabe.

J'ai l'honneur d'accuser réception de la note de Votre Excellence du 9 courant, déclarant que le gouvernement français accepte les délimitations d'un futur Etat arabe, ou de Confédération d'Etats, et des parties de la Syrie où les intérêts français prédominent, compte tenu de certaines conditions telles qu'elles résultent de récentes discussions sur le sujet, à Londres et à Petrograd (...)
(...) Qu'une administration internationale sera établie dans la zone brune (la Palestine) dont la forme sera décidée après consultation avec la Russie et par la suite avec les autres Alliés, et les représentants du Chérif de La Mecque.
(...) Que la Grande-Bretagne se verra accorder les ports de Haïfa et Saint Jean d'Accre (...).
Signé E. Grey.
Voir : Naissance du Sionisme politique, présenté par Yohanan Manor, Paris, 1981, 278 p., p. 200.

2- La Palestine, enjeu politique et militaire pendant la guerre 1914-1918.
Tractations des Français et des Anglais avec les sionistes

Au début de la guerre 1914-1918, c'est à partir de la Palestine que les troupes ottomanes attaquent le Canal de Suez en vue de récupérer l'Egypte, occupée par les Anglais depuis 1882[105].

Pour les Anglais, la Palestine est la première ligne de défense de l'Egypte. De là vient chez de nombreux politiques et militaires anglais l'idée d'occuper la Palestine.
Le rédacteur militaire du journal anglais « Manchester Guardian », expose cette idée dans plusieurs articles à partir du 22 novembre 1915.
L'alliance des Ottomans avec l'Allemagne et la difficulté de contrecarrer une attaque terrestre ottomane amènent la proposition du rédacteur militaire du Manchester Guardian d'installer un Etat allié (juif) qui sera la ligne de défense du Canal et de l'Egypte[106].

Sur le plan politique, les Alliés, en particulier l'Angleterre, proposent la Palestine aux sionistes en échange

---

105 - C'est seulement en 1956 que le Canal de Suez sera nationalisé par le Président égyptien Nacer. L'agression tripartite (France, Angleterre, Israel) de 1956 contre l'Egypte visait à annuler cette nationalisation.
106 - Voir : Ta'rikh Filastin Al-Hadith (Histoire nouvelle de la Palestine), Abd-al-Wahab Al-Kayyali, Beyrouth, 1985 (9 ème édition), 408 p., p. 81.
Il existe une traduction française de ce livre : Histoire de la Palestine 1896-1940, Paris, L'Harmattan, 1985, 267 p. (traduit de l'anglais au français par Anne-Marie Abouelaazem).
Abd-al-Wahab al-Kayyali, historien palestinien, est assassiné par les sionistes en 1981 à Beyrouth. IL avait 42 ans.
L'« Histoire de la Palestine : 1896-1940 » est son oeuvre la mieux connue du public.
L'auteur appuie son récit sur des archives diplomatiques du Foreign Office, des documents privés conservés à la Bibliothèque du Moyen Orient (fondée par Albert Hourani et Roger Owen) du St Anthony's College d'Oxford ainsi que des archives de la Haganah (Service des renseignements sionistes) consacrées à Jérusalem.

de leur engagement à leurs côtés. Il s'agit alors pour les sionistes de mobiliser la communauté juive en faveur des Alliés, ce qui n'était pas encore acquis.
Edward Grey, ministre anglais des Affaires étrangères, le fait savoir aux ambassadeurs anglais à Paris et à Petrograd, lors des tractations engagées entre les Anglais, les Français et les Russes dans la préparation des Accords de Petrograd[107].

En 1916, la question juive est soulevée dans les chancelleries d'Angleterre, de France et de Russie.

La Russie assure les juifs d'Amérique, qu'au moment du démembrement de l'Empire ottoman, les intérêts des colonies juives en Palestine seront protégés par la France et l'Angleterre[108].

La même année (1916), un projet complet d'occupation de la Palestine par les sionistes est présenté à Mark Sykes par le Comité politique de l'Organisation sioniste mondiale[109]. Avant la signature des Accords Sykes-Picot, Mark Sykes a eu des contacts et des tractations avec les sionistes sans que ceux-ci soient au courant de la préparation de ces accords[110].

---

107 - Le ministre des Affaires étrangères anglais Edward Grey dit : « On nous a suggéré que si nous pouvions offrir aux juifs un arrangement touchant à la Palestine qui satisferait complètement les aspirations juives, une telle offre pourrait avoir un fort impact sur une grande et puissante partie de la communauté juive de par le monde. « L'idée sioniste porte en soi des possibilités d'une très grande portée, car nous pourrions espérer l'utiliser de façon à rallier à nos côtés en Amérique, à l'Est et ailleurs, des forces juives qui actuellement nous sont largement hostiles, si ce n'est de façon prépondérante ». Voir : Naissance du Sionisme politique, o.c. p. 198.
108 - Weizmann Chaïm, Naissance d'Israel, Paris, 1977, 551 p., p. 219.
109 - L'Organisation sioniste mondiale a été fondée lors du premier congrès sioniste de Bâle (Suisse), en 1897. Les membres du congrès ont alors adopté une résolution connue sous le nom de « Programme de Bâle », visant à « la création d'un foyer national juif sur la terre d'Israël ».
110 - Weizmann n'était pas au courant des accords secrets entre Français et Anglais, Naissance d'Israel, o.c. p. 222.

Ajoutons à tout cela qu'un mémoire anglais (à propos de l'installation des juifs en Palestine)[111] est adressé à la Russie le 13 mars 1916, soit six semaines avant la signature des Accords Sykes-Picot et juste après le dernier message (10 mars 1916), transmis par Mac-Mahon à Hussayn et qui scelle les Accords Hussayn-MacMahon (juillet 1915-mars 1916)[112].

Le mémoire britannique avait pour but de faire entrer l'Amérique dans la guerre.
Selon le Premier ministre britannique, Lloyd George : « l'opinion publique en Russie et en Amérique avait un grand rôle à jouer et nous avions à l'époque toutes les raisons de croire que dans les deux pays la sympathie ou au contraire l'hostilité de la race juive aboutirait à des différences énormes ».

Le journaliste anglais Jeffries se demande qui a envoyé ce mémoire à Petrograd et qui a été au courant du

---

[111] - Voici le texte du mémoire présenté par l'Ambassade britannique à Petrograd au ministre des Affaires étrangères russe :
« Nous avons reçu une dépêche de Sir Edward Grey nous informant que l'attention du Gouvernement de Sa Majesté s'est dernièrement portée sur la question de la colonisation juive en Palestine. Bien que de nombreux juifs, comme il est connu, ne portent pas d'intérêt à l'idéologie sioniste, une part importante de juifs fort influents dans tous les pays du monde ne manquera pas d'apprécier hautement une proposition tendant à établir un accord sur la Palestine, pour la parfaite réalisation des aspirations juives.
S'il s'avère qu'il en est ainsi, il apparaitra clairement que des résultats politiques d'une importance considérable peuvent découler de l'adhésion du point de vue sioniste. Un de ces résultats sera d'attirer les éléments juifs d'Orient, des Etats-Unis et d'autres pays aux côtés des Alliés ». Voir : Hussayn TRIKI, Voici la Palestine, (traduit de l'arabe au français par Hachemi SEBAÏ, avec la participation de l'auteur), Tunis, 1972, 333 p., p. 88. Voir également : The reality, J.M.N. Jeffries, London, 1939. Traduit à l'arabe : «Filastin ilaykom al haqiqa», par Ahmad Khalil Al-Hadj, Le Caire, Vol I (1971, 313p.), Vol II (1972, 257p.), Vol III (1973, 187p.), Vol IV (1973, 205p.), Vol I, p. 169-171. D'après Jeffries, le mémoire est rapporté par Léonard Stein dans «Le sionisme» et par Andrews dans « La Palestine sous le mandat».

[112] - Pour ces Accords, voir : l'Annexe du Chapitre_8.

contenu de ce mémoire avant son envoi[113]. Car le mémoire retrace la fusion de la politique britannique avec l'idéal du sionisme politique, alors que certains pensaient qu'il représentait seulement le point de vue du ministère des Affaires étrangères.

Le contenu du mémoire indique déjà que les sionistes voulaient mettre la main sur la Palestine.

Le mémoire adressé à Pétrograd est divulgué après la Révolution russe de 1917.

Les activités diplomatiques anglaises, à propos de la Palestine, visent seulement les Français, les Russes et les sionistes. Ce qui montre que les Anglais excluent les Arabes de toute discussion sur ce pays.

Fin du Chapitre_7

---

[113] - Jeffries, o.c. Vol I, p. 172.

Les Anglais à la recherche d'un allié arabe contre les Ottomans

Chapitre_8

La Révolte arabe[114]. La préparation

Au début du 20ème siècle, les Anglais prennent conscience de l'existence d'un sentiment nationaliste dans les provinces arabes de l'Empire ottoman.
Ils exploitent ce sentiment, dans leurs intérêts, d'où les Accords Hussayn-MacMahon.

§§§

1- Le choix par les Anglais du Chérif de la Mekke Hussayn
2- Premiers contacts anglo-arabes
3- Contacts arabo-ottomans
4- Contacts de Hussayn avec le mouvement nationaliste arabe : pour ou contre les Ottomans ?
5- A la veille de la Révolte arabe
6- Annexe : Les Accords Hussayn-MacMahon (14 juillet 1915-30 mars 1916)

---

114 - Des accords secrets sont passés en 1916, en pleine guerre, entre le Chérif de la Mekke Hussayn, du côté des Arabes, et MacMahon, le gouverneur anglais de l'Egypte occupée.
Ces accords qui scellent l'alliance des Arabes avec les Anglais contre les Ottomans prévoient l'indépendance des Arabes, une fois assurée la victoire des Alliés contre l'Allemagne.
Hussayn mènera la « Révolte arabe » contre les Ottomans avec son fils Fayçal qui en sera le chef militaire.
Pour la correspondance Hussayn-MacMahon (10 messages), voir : Yaqdhat Al-'Arab (Le réveil arabe), Georges Antonius, Beyrouth, 1987, 653 p., p. 545-577.
L'original de l'ouvrage en anglais (The Arab Awakening, Lippincott, Philadelphie, USA, 1939) est traduit à l'arabe par Nasr ad-Din Al Asad et Ihsan 'Abbas sous le titre (Yaqdhat Al-'Arab : Ta'rikh harakat al'Arab alqawmiyya, Beyrouth, Dar al'ilm lil malayin).
L'auteur de l'ouvrage cité, Georges Antonius, dit que l'idée de rassembler la Correspondance Hussayn-MacMahon vient de Hussayn lui-même. L'auteur rencontre Hussayn au printemps 1931. Hussayn est vieux et malade. Il vient de passer 6 ans en exil. Il avait perdu son trône et a été obligé de quitter son pays. Hussayn semble atteint par la non-application par les Anglais des accords conclus avec eux. Hussayn parle sévèrement du Premier ministre anglais, Lloyd George, qu'il qualifie de bouffon et de renard, Ibid, p. 274-275.

1- Le choix du Chérif de la Mekke par les Anglais

Voici comment l'anglais T.E. Lawrence, dit Lawrence d'Arabie, voit les Accords Hussayn-MacMahon :

«Par la création d'une enceinte d'Etats-clients, qui demanderaient d'eux-mêmes notre patronage, nous espérions déjouer pour le présent et l'avenir les mouvements, de toute puissance étrangère, ayant des desseins sur les trois rivières (*Le Nil, le Tigre et l'Euphrate*)...
Il y eut des tentatives ratées avec Sayid Taleb et Aziz Al-Masri, avant que nous ayons décidé de nous fixer sur le Chérif de la Mekke.
Le Chérif fut choisi en fin de compte parce qu'il créerait une fissure dans l'Islam, et parce que sa situation géographique lui donnait pas mal de chances de survivre»[115].

Le Chérif Hussayn était en résidence surveillée à Istanbul jusqu'à la Révolution des « Jeunes-Turcs » de 1908[116].
Il est nommé par le nouveau pouvoir ottoman « Chérif de la Mekke », le 3 décembre 1908.

L'Emir Abdallah, le fils cadet de Hussayn, est député de la Mekke au parlement ottoman. Il refuse plusieurs postes (ministre, gouverneur du Yémen) dans l'administration ottomane qui pensait, de ce fait le neutraliser. Comme il appartenait à une association secrète, l'Emir Abdallah prend conscience du sentiment de révolte contre les Autorités ottomanes qui existe chez les nationalistes arabes.

---

115 - Rapport de Lawrence, daté du 4/11/1918, à son retour en Angleterre, cité dans: Lettres de T.E. Lawrence, traduction Etiemble et Yassu Gancière, Paris, 1948, 832 p., p. 223. Sayid Taleb et Aziz Al-Masri sont des membres du Parti Al-Lamarkaziyya (Parti ottoman pour la Décentralisation).
116 - Le Sultan ottoman se méfiait du Chérif Hussayn de la Mekke. D'où son assignation à résidence à Istanbul. La Révolution jeune-turque de 1908 contre le Sultan, met fin à cette assignation à résidence et permet le retour de Hussayn à la Mekke.

Il scrute les intentions anglaises sur l'avenir du monde arabe, à la fin de la guerre (1914-1918)[117].

L'Emir Fayçal, le fils benjamin du Chérif, est député de Jaddah (ville de la Presqu'île Arabique) au parlement ottoman. Il penche du côté ottoman plutôt que du côté des Alliés. Car dit-il, la France a des visées sur la Syrie et l'Angleterre sur l'Iraq, et ce que proposent les Anglais ne donne aucune garantie pour l'avenir du monde arabe.

Le nationaliste arabe, Georges Antonius, déclare qu'il apprit de Fayçal en personne qu'il n'appartenait à aucune association secrète avant la guerre et qu'il n'avait adhérer à l'idée de la Révolte contre les Ottomans que lorsqu'il s'était rendu à Damas en 1915[118].

Pour les Anglais, le Chérif Hussayn était le meilleur allié arabe, et ceci pour plusieurs raisons.
+L'alliance de Hussayn avec les Anglais serait un coup porté à l'appel à la guerre sainte du Sultan contre les Anglais.
+Puis, la région du Hidjaz (où se trouve la Mekke) est un point stratégique et presque indépendant du pouvoir ottoman, ce qui faciliterait une révolte sans subir de réaction instantanée ottomane.
+De plus l'aspiration de Hussayn à établir un royaume arabe héréditaire sous l'autorité anglaise servirait les intérêts de l'Angleterre.
+Enfin, Hussayn avait une expérience politique et des relations avec les hommes du mouvement nationaliste arabe et des tribus bédouines.

De son côté Hussayn caressait l'idée de la restauration du califat arabe à la place du califat ottoman, une idée présente dans certains milieux arabes et étrangers[119].

---

117 - Yaqdhat Al-'Arab (Le réveil arabe), o.c. p. 211.
118 - Ibid. En août 1915, des militants nationalistes arabes sont exécutés à Beyrouth par les Autorités ottomanes.
119 - Dans ses Mémoires, le Sultan Ablul-Hamid II déclare qu'il a eu entre ses mains un plan établi au ministère anglais des Affaires

Mais l'espoir arabe pour cette restauration se heurtera à l'idée que se fait l'Angleterre du califat, qu'elle considère comme une simple institution spirituelle, sans contenu politique[120].

2- Premiers contacts anglo-arabes

Les premiers contacts des Anglais avec le Chérif Hussayn remontent à la veille de la guerre 1914-1918. Le 18 février 1914, l'Emir Abdallah rencontre Kitchener

---

étrangères dans lequel Al-Afghani (penseur musulman) demanderait le transfert du rôle de calife du Sultan ottoman à Hussayn qui deviendrait le Calife des musulmans.
Voir : Mudakkirat as-Sultan Abdul-Hamid (Mémoires du Sultan Abdul-Hamid-II), traduction du turc à l'arabe, présentation et commentaires par Mohammad Harb Abdul-Hamid, Le Caire, 1978, 149 pages, p. 67. Le sultan dit qu'Al-Afghani était l'homme des Anglais, Ibid.

120 - L'Angleterre, comme à son habitude, mène un double jeu à propos de la question du Califat. Le 14 avril 1915, le ministère anglais des Affaires étrangères souligne l'intérêt porté par la politique britannique à la Presqu'île arabique et aux Lieux Saints de l'Islam. Le ministère ajoute que l'Angleterre respecterait une éventuelle décision des « Mahométans » d'instaurer un califat arabe, car la question du califat concerne les « Mahométans » eux-mêmes.
Voir : Rôle de Mirghani dans les préparatifs de la révolte arabe de juin 1916 (en arabe), Jassim Mohammad Daher (universitaire libyen), in Arab Historical review for Ottoman Studies, num 22, sept. 2000, p. 93-108, p. 98.
Selon le Forein Office 371-6237 num 10812, Summary of Historical Documents from the outbreak of the 1916, Arab war between Great Britain and the Turkey, 1914.
Les Anglais demandent à un leader soudanais de transmettre à Hussayn leurs intentions à propos du califat.
Wingate, l'intermédiaire anglais, connaît bien Ali Al-Mirghani (1879-1968), leader soufi soudanais qui soutient et encourage Hussayn à se révolter contre les Ottomans. Al-Mirghani dit à Wingate que l'Angleterre devait s'arranger avec Hussayn, sinon celui-ci rejoindrait les Ottomans. Al-Mirghani dit aux Anglais le 6 mai 1915 que l'Angleterre devait rendre public son point de vue sur le Califat afin que les habitants de la Presqu'île arabique soient au courant des propos anglais. De plus Al-Mirghani souligne que le siège du Califat devrait être situé dans la Presqu'île. Mais la réponse anglaise a été extrêmement prudente. Ibid. p. 99-100.
Selon le Forein Office (141/587/547) Translation of Memorandum from Ali Mirghani, 6 may 1915.

au Caire (représentant de l'Angleterre en Egypte occupée), pour lui demander la position des Anglais en cas de conflit entre les Arabes et les Ottomans.
Les Anglais répondent qu'ils sont liés avec les Ottomans par des relations d'amitié[121].

En septembre 1914, des contacts secrets ont lieu à la Mekke entre l'Emir Abdallah et l'émissaire égyptien Ali Affandi Asghar envoyé par Stors, alors adjoint de Kitchener.
Il s'agissait de voir quelle serait la position des Arabes si les Ottomans entraient en guerre[122].

Et le 31 octobre 1914, Kitchener, devenu ministre, envoie de Londres un télégramme à Abdallah :
«Si la Nation arabe aide l'Angleterre dans cette guerre, l'Angleterre garantira qu'aucune intervention n'aura lieu en Arabie et donnera toute son aide aux Arabes contre une agression étrangère extérieure»[123].

Outre l'Emir Abdallah, des membres d'« Al-Lamarkaziyya (Parti ottoman pour la Décentralisation, Section d'Egypte) sont sollicités par les Anglais pour leur demander leur avis, sur un éventuel engagement, avec les Anglais pour lutter contre les Ottomans, en contrepartie de l'« Indépendance arabe ».
Le parti contacte d'autres membres en Iraq, Syrie et Palestine avant d'adresser son point de vue à Londres.
C'était avant l'entrée en guerre des Ottomans.

---

[121] - Yaqdhat al'Arab (Le réveil arabe), o.c. p. 205-206. Herbert Kitchener (1850-1916), militaire de haut rang, Consul-général d'Égypte (1911-1914).
En août 1914, il est nommé ministre de la Guerre. Il meurt dans un naufrage le 5 juin 1916.
[122] - Stors dit qu'il est clair que si les Arabes se mettaient de notre côté (les Anglais), notre position militaire serait raffermie, Ibid, o.c. p. 209-210. Abdallah répond par écrit à Stors qu'il souhaite arriver à une entente avec l'Angleterre, Ibid, o.c. p. 210-212. En réponse à l'Emir, les Anglais promettent au Chérif Hussayn (s'il les aide) de le garder dans sa fonction et d'assurer l'indépendance des Arabes, Ibid, o.c. p. 213.
[123] - Lawrence d'Arabie, le lévrier fatal 1888-1935, Vincent-Mansour MONTEIL, Paris, Hachette, 1987, 331 p., p. 67.

Après quelques mois la réponse anglaise qui arrive au parti est rejetée par celui-ci.
Le contact du parti avec les Anglais s'arrêtera là[124].

3- Contacts arabo-ottomans

L'Emir Fayçal, fils de Hussayn, remet au Grand-Vizir ottoman un mémoire en précisant que les Arabes sont prêts à se mettre du côté des Ottomans dans le conflit de 1914-1918 et demandent l'autonomie des provinces arabes dans le cadre de l'Empire.
Fayçal demande également aux Autorités ottomanes la libération des militants arabes emprisonnés.
Il obtient sur ce dernier sujet des promesses encourageantes.

En novembre 1915 Fayçal annonce à Al-Quds (Jérusalem) qu'il est du devoir de la nation arabe de participer au conflit avec des Ottomans. Il ajoute également qu'il a été convenu avec Djemal Pacha, le Gouverneur ottoman de Syrie, qu'il (Fayçal) parte au Hidjaz (dans la Presqu'île arabique) pour revenir à la tête d'une armée de 1.500 volontaires pour participer à la 2ème campagne ottomane contre le Canal de Suez[125].

La proposition de l'Emir de participer à la 2ème campagne contre le Canal était-elle sincère puisqu'il avait déjà fait sienne l'idée de la Révolte arabe contre les Ottomans à son retour de Damas (juin 1915) ?
De plus, dès juillet 1915 des contacts sont pris au très haut niveau entre Arabes et Anglais à propos de leur éventuelle alliance.

De son côté, le Chérif Hussayn adresse en mars 1916 un message à Enver Pacha, le ministre ottoman de la

---

124 - Amine Saïd, Athawra al'arabyaa al kubra (La Grande révolte arabe), Le Caire (éd. Madbouly), sans date, 3 tomes, tome 1, p. 130.
125 - La Grande révolte arabe, o.c. tome 1, P. 110-111. La première campagne contre le Canal de Suez s'est déroulée en février 1915. Les Ottomans préparaient une deuxième campagne dans l'intention de récupérer l'Egypte, occupée par les Anglais.

guerre, dans lequel il déclare que la victoire des Ottomans dépend de la participation de tous les constituants de l'Empire et en particulier de celle des Arabes. Le Chérif dit également que les Arabes sont blessés par l'arrestation et le jugement devant des cours militaires d'un grand nombre de leurs enfants.

Et pour remédier à ces blessures, ajoute Hussayn, il faudrait annoncer une amnistie générale pour les prisonniers politiques, accorder à la Syrie le droit à la décentralisation et faire de l'Emirat de la Mekke un Emirat héréditaire.
Si vous acceptez ces propositions, conclut Hussayn, dans son message au ministre de la guerre, je m'engage à réunir les tribus arabes sous la direction de mes fils sur les champs de bataille en Iraq et en Palestine, sinon n'attendez rien de moi sauf d'implorer Dieu pour une victoire de l'Etat ottoman.

Enver Pacha répond à Hussayn qu'il ne peut donner suite à ses propositions[126].
Car les Ottomans reprochent au Chérif Hussayn d'entretenir des relations secrètes avec les Anglais.
En effet, Hussayn joue un double jeu, puisqu'en mars 1916, date du message adressé aux Autorités ottomanes, des accords venaient d'être passés avec les Anglais (30 mars 1916). Ce sont les « Accords Hussayn-MacMahon », pour l'alliance de Hussayn et les Anglais contre les Ottomans.

§§§

4- Contacts de Hussayn avec le mouvement nationaliste arabe : pour ou contre les Ottomans ?

Le militaire syrien Fawzi al-Bakri, envoyé de l'Association arabe Al-Fatat[127] a pour mission de dire au Chérif

---

126 - La Grande révolte arabe, o.c. t. 1, p. 114-115.
127 - La Ligue de la jeunesse arabe « Al-Fatat » est une organisation nationaliste arabe secrète.
Créée à Paris en 1911 par Izzat Darwaza.

Hussayn s'il accepte d'être à la tête de la Révolte arabe contre les Ottomans, alors que des leaders nationalistes, ainsi que des militaires arabes de haut rang de l'Armée ottomane, sont déjà prêts à se révolter. Cela se passe fin janvier 1915[128].

En mars 1915, Fayçal prend contact à Damas avec les responsables d'« Al-Fatat ». C'est le premier contact de la famille de Hussayn avec le mouvement nationaliste[129].

Les responsables d'«Al-Fatat» sont d'abord méfiants, car ils pensent que Fayçal penche toujours du côté des Ottomans jusqu'au moment où ce dernier leur affirme que son penchant était dû à sa méfiance de l'Europe. « Al-Fatat » avait, elle aussi, quelques mois avant sa rencontre avec l'Emir Fayçal, un penchant pour les Ottomans.

L'Emir Fayçal devient membre d'« Al-Fatat » après avoir prêté serment[130].
Après ses contacts avec « Al-Fatat », Fayçal rencontre

Principalement constituée d'étudiants libanais, syriens, irakiens et palestiniens, la Ligue milite pour une autonomie arabe au sein de l'Empire ottoman. Elle est dirigée par Abdelkarim Khalil. Elle est liée à une autre société secrète « Al 'Ahd », constituée majoritairement de militaires. Après l'accession au pouvoir d'Enver Pacha, « Al-Fatat » est dissoute et son dirigeant est condamné à mort à Beyrouth en 1916.

128 - Yaqdhat al'Arab (Le réveil arabe), o.c. p. 232-233.
129 - Arab Historical Review for Ottoman Studies, Zaghouan, Tunisie, déc. 1991, n° 3-4, p. 173-187, p. 185. Fayçal rencontre Badr ad-Din Al Huseyni, Yassine Al Hachemi, Ridha Bacha ar-Rikabi, Abd-Al-Ghani al-'Ariçi et Ahmed Qadri.
130 - L'organisation « Al-Fatat » déclarait : « L'entrée en guerre de la Turquie met les provinces arabes en grand danger. Et il faut mettre tous les efforts pour garantir leur liberté et leur indépendance. De plus, s'il s'avère que les Européens ont des vues sur ces provinces, l'Organisation sera engagée du côté des Turcs pour lutter contre l'intervention étrangère quelle qu'elle soit ».
C'est une décision importante. L'auteur, Goerges Antonius, dit avoir obtenu des informations de Fayçal et des responsables d'« Al-Fatat » sur leurs contacts. Parmi ces responsables, il cite Ahmed Qadri, un membre actif de l'Organisation « Al-Fatat », voir : Yaqdhat al'Arab (Le réveil arabe), o.c. p. 236-237.

des membres de l'Organisation « Al-'Ahd » (composée d'officiers arabes de l'armée ottomane), organisation dont il fera partie.

Lorsque les Ottomans sont sur le point de participer à la guerre 1914-1918, le chef d'« Al-'Ahd », Aziz 'Ali Al Masri adresse depuis l'Egypte un message aux cadres de l'Organisation pour leur demander de ne pas commettre d'actes d'agression contre les Ottomans.
Car, dit-il, les Européens occuperaient des provinces arabes sous prétexte de les protéger contre les Ottomans. Il faut, ajoute Aziz 'Ali Al Masri, soutenir les Ottomans pour garantir la protection des provinces arabes des appétits européens[131].

Les deux organisations «Al-Fatat» et «Al-'Ahd» consultées par Fayçal posent leurs conditions pour un éventuel engagement du côté des Anglais.
Ces conditions constituent la « Charte de Damas »[132]. Hussayn fera référence à cette charte à partir de juillet 1915 dans sa correspondance avec les Anglais.
L'Emir Fayçal pensait que les Anglais devaient d'abord répondre aux conditions de la « Charte de Damas » avant que les Arabes ne se mettent de leur côté, tout

---

131 - Yaqdhat al'Arab (Le réveil arabe), o.c. p. 237, 240-241.
132 - Voici quelques points de la Charte de Damas (Georges Antonius fait remarquer que ces points de la Charte sont extraits du texte arabe en possession du roi Fayçal) :
A- Reconnaissance par l'Angleterre de l'indépendance des territoires arabes dans les frontières suivantes :
--au nord : ligne Marsin-Adna ce qui correspond à la ligne al'ard 37 nord, puis selon la ligne Birijik-Urfa-Mardin-Madyat-Jazirat ib 'Amr-al 'imadiyya jusqu'à la frontière iranienne ;
--à l'est : de la frontière iranienne jusqu'au sud du Golfe arabe ;
--au sud : l'océan indien (sauf Aden, déjà occupé par les Anglais);
--à l'ouest : jusqu'à la mer rouge puis la Méditerranée jusqu'à Marsin ;
B- Annulation de toutes les facilités accordées aux étrangers dans le cadre des Capitulations ;
C- Traité de défense entre l'Angleterre et l'Etat arabe indépendant ;
D- L'Angleterre aura la préférence par rapport aux autres nations pour les projets économiques dans cet Etat.
Voir : Yaqdhat al'Arab (Le réveil arabe), o.c. p. 243.

en pensant que les Anglais n'accepteraient jamais ces conditions.

Les leaders réunis à Damas ont fait le serment de considérer le Chérif Hussayn représentant du peuple arabe et d'agir ensemble si l'Angleterre acceptait les conditions de la Charte de Damas.

En juin 1915, Fayçal rentre au Hidjaz avec un procès-verbal signé de plusieurs personnalités de Damas[133].

Mais comment se fait-il que des nationalistes, bien au courant des intentions affichées des Européens de coloniser les provinces arabes, ont-ils fini par s'opposer aux Ottomans, en se mettant sous la coupe du Chérif de la Mekke ?

§§§

5- A la veille de la Révolte arabe

L'écrivain et journaliste palestinien Najib Nassar avait essayé, sans réussir, de concilier les positions turques et arabes afin de s'opposer plus efficacement au mouvement sioniste et résister ainsi aux Européens qui ne cessent de harceler l'Empire ottoman.
Najib Nassar conseille aux Ottomans de rester neutres pendant la guerre. Ceux-ci l'accusent à l'instigation de la diplomatie allemande, de haute trahison[134].

---

[133] - Les signataires du procès-verbal sont : Badr ad-Din Al Huseyni, Ridha Bacha ar-Rikabi, maire de Damas. Deux personnalités signent le procès-verbal à la place des officiers (pour raison de sécurité). Il s'agit de Choukry Bacha Al-Ayyouby et Yassine Al Hachemi. Le cheikh Badr ad-Din al-Huseyni éminent savant de Damas offre sa bague au Chérif Hussayn, en signe de confiance des gens de la Grande-Syrie envers le Chérif. Voir : Yaqdhat al'Arab (Le réveil arabe), o.c. p. 244-245.
[134] - « Najib NASSAR », Revue d'Etudes Palestiniennes (REP), hiver 1995, num. 2, nouvelle série, Paris, p. 85-86.
Les Ottomans entrent en guerre aux côtés de l'Allemagne le 31 oct. 1914. Voir également à propos de Najib Nassar un article dans « Al-Quds al-'Arabi » (Quotidien arabe édité à Londres) du 17 juin 2004.

La déclaration de la guerre 1914-1918 en Europe coïncide avec le mois de Ramadhan (1332 H), soit 3 mois avant le pèlerinage à la Mekke, celui-ci étant à l'époque l'unique richesse du Hidjaz.

Et les Alliés qui soupçonnaient déjà l'entrée en guerre des Ottomans du côté des Allemands, soumettent les côtes ottomanes (dont les rives de la mer rouge) à un blocus sévère.

Le Chérif Hussayn prévient les Autorités ottomanes de la situation.
Aucune aide n'arrive du gouvernement central qui réserve ses moyens en prévision d'une guerre contre les Anglais.

Hussayn pense alors que la seule solution est une alliance avec les Anglais pour lever le blocus des côtes du Hidjaz, permettant ainsi l'arrivée de bateaux avec des biens et des pèlerins[135].

En s'engageant dans cette alliance pour préserver son intérêt personnel et celui de sa région, le Chérif pensait-il au reste du monde arabe ?
N'avait-il-pas été choisi comme leader par des nationalistes arabes pour défendre la cause de tous les Arabes ?

L'annonce de la Révolte contre les Ottomans, dont la préparation n'est pas encore achevée, est avancée au 5 juin 1916. Une des raisons de cette décision est que le Chérif soupçonne les Ottomans qui viennent de renforcer la garnison de Médine (dans la Presqu'île arabique) avec 3.000 soldats turcs, sous le prétexte que ces derniers devaient rejoindre le Yémen. En effet, un détachement germano-ottoman (sous le commandement de von Stotzingen) formé à Médine aurait progressé à travers le Hidjaz.

Cette expédition décide Hussayn à avancer de 2 mois

---

[135] - La Grande révolte arabe, o.c. tome 1, p. 124.

la date de la Révolte pour rendre impossible la « mission von Stotzingen »[136].

Une autre raison de l'avance de l'annonce de la Révolte est que les Ottomans ont trouvé au Consulat français de Beyrouth (Liban) des documents compromettants pour les Arabes.

Ces documents se référaient à des organisations secrètes, dont faisaient partie des militaires arabes de l'armée ottomane, et à des contacts de chrétiens libanais avec la France[137].

A la suite de ces découvertes, plusieurs nationalistes arabes, dont des Palestiniens, sont pendus par les Autorités ottomanes (mai 1916)[138]. Un grand cri s'éleva dans la région.

Suite aux plaintes des Syriens contre sa politique répressive, le gouverneur de Syrie, Ahmed Djemal Pacha est rappelé à Istanbul.
Les Ottomans voulaient ainsi éviter que les Arabes ne passent du côté des Anglais, mais c'était trop tard.

Les exécutions de nationalistes arabes ont précipité l'annonce de la Révolte arabe[139]. On dit à ce sujet que

---

136 - Lawrence d'Arabie, le lévrier fatal 1888-1935, Vincent-Mansour MONTEIL, Paris, Hachette, 1987, 331 p., p. 84.
137 - La Grande révolte arabe, o.c. tome 1, p. 74. Des documents saisis au Consulat français à Beyrouth mentionnaient des contacts entre la France et des chrétiens libanais : Youcef al-Hani, Chaykh Philippe et Chaykh Farid al-Khazin sont arrêtés.
Youcef al-Hani est garrotté par les Ottomans à Beyrouth, le 5 avril 1916 et Chaykh Farid al-Khazin est condamné et exécuté le 5 juin 1916. Une lettre adressée au Consul de France à Beyrouth par le maronite Youcef Al-Hani au nom des chrétiens libanais décrit la situation difficile vécue par les chrétiens, voir : La Grande révolte arabe, o.c. tome 1, p. 103-106.
138 - La Grande révolte arabe, o.c. tome 1, p. 66-68. De très nombreuses autres personnes sont condamnées par contumace, dont Najib 'Azzouri, Ibid, p. 67.
139 - On attribue aux Ottomans l'idée de profiter de la guerre pour se débarrasser des opposants arabes, La Grande révolte arabe, o.c. t. 1, p. 68.

la position de l'Emir Fayçal qui était favorable aux Ottomans a changé après ces exécutions[140].

Le paradoxe c'est qu'au même moment où les Anglais discutaient leur alliance avec Hussayn, ils signaient un accord (26 décembre 1915) avec la tribu Sa'oud (de la Presqu'île arabique). Cet accord garantissait à cette tribu la sécurité dans des frontières à déterminer.
Le Chérif Hussayn n'est pas au courant des tractations des Anglais avec les Sa'oud[141].

L'accord entre les Anglais et les Sa'oud avait pour finalité d'empêcher Hussayn d'étendre son royaume à Najd, autre région de la Presqu'île arabique.
Cet accord est à l'origine de la future création de l'actuel Royaume d'Arabie Saoudite.

6- Annexe : Les Accords Hussayn-MacMahon (14 juillet 1915 - 30 mars 1916)

Le Chérif Hussayn suggère aux Anglais de garder leurs contacts secrets le temps pour lui de discuter avec les leaders arabes. On était en décembre 1914.

En juillet 1915, une nouvelle série de messages entre Hussayn et MacMahon commence.
C'est un ensemble de dix messages appelé « Correspondance Hussayn-MacMahon ».
Cette correspondance aboutit aux «Accords Hussayn-MacMahon» signés par Hussayn et MacMahon.
Ces accords comportaient une clause secrète que les deux hommes ignoraient[142].

---

140 - Note de lecture (Aljazeera.net du 22/04/2003) du livre (en arabe) : Le roi Fayçal ibn Hussayn fondateur d'«al-hukm» (pouvoir) arabe en Syrie et en Iraq. Voir : Hadi Hussayn 'Alyawi, Beyrouth (Ryad ar-ris lil kutub wa al-nashr), 2003, 347 pages.
A propos des exécutions de militants nationalistes arabes (20 aôut 1915 et 6 mai 1916), déroulement et témoignages dans :
La Grande révolte arabe, o.c. tome 1, p. 87-99.
141 - Lawrence d'Arabie, le lévrier fatal, o.c. p. 82.
142 - L'espion anglais Thomas Edwars Lawrence (Lawrence d'Arabie) déclare que : « La Révolte arabe avait été déclenchée par des moyens frauduleux. Pour inciter le Chérif à l'action, notre Cabinet,

Les Accords Hussayn-MacMahon sont importants pour les Anglais car ceux-ci craignaient que les Arabes ne se mettent du côté des Ottomans ce qui aurait mis fin à leur occupation du Canal de Suez et de l'Egypte.

Une fois acquise la collaboration des Arabes avec les Alliés, ceux-ci ne cacheront plus leurs véritables intentions. Bien avant la fin de la guerre, Mark Sykes, conseiller aux Affaires orientales, dans le gouvernement anglais et François Georges Picot pour la France rencontrent Fayçal et Hussayn à Djeddah séparément et à des moments différents.

Les deux diplomates annoncent à leurs interlocuteurs qu'ils n'acceptent aucune extension géographique du royaume du Hidjaz, dont Hussayn s'était octroyé le titre de « Roi ».

Et, à la fin de la guerre, lorsque le rôle du Chérif se termine, les Anglais se tournent vers les Saoud qu'ils aident à s'installer, contre le Chérif, dans la Presqu'île arabique, en fondant l'actuel Royaume d'Arabie Saoudite. Les provinces arabes (Syrie, Liban, Jordanie, Palestine, Iraq) seront partagées entre Français et Anglais (Accords Sykes-Picot).

Lorsque les Français entrent en force à Damas (Syrie) en juillet 1920 et lorsque Fayçal est forcé de quitter la ville, la famille hachémite de Hussayn réalise qu'elle a été le jouet des Anglais[143].

---

par l'intermédiaire de Sir Henry MacMahon, avait promis de soutenir l'établissement de gouvernements arabes dans certaines parties de la Syrie et de la Mésopotamie, *sans préjuger des intérêts de nôtre alliée la France.* Cette petite clause cachait un traité que MacMahon (et par suite le Chérif) ignorèrent, jusqu'à ce qu'il fût trop tard, et par lequel la France, l'Angleterre et la Russie étaient tombées d'accord : 1- sur l'annexion de certaines parties, au moins, des régions promises, 2- sur un partage du reste en zones d'influence », voir: Les Sept piliers de la Sagesse, T.E. Lawrence, Paris, 1958, 825 p., p. 345.

143 - Et puis, les marchandages franco-anglais, à partir de 1909 sur les concessions de lignes de chemin de fer (dont très peu ont été construites) a surtout servi de base à l'établissement de sphères

La Correspondance Hussayn–MacMahon[144]

C'est la correspondance (dix messages) entre Hussayn, Chérif de la Mekke, et Henry Mac-Mahon, Haut-commissaire anglais en Egypte.
Celui-ci signera ses messages : Vice-roi d'Angleterre. (Notons que le terme « intérêts communs » est omniprésent dans la correspondance Hussayn–MacMahon. Par contre, le terme « sionisme » en est absent).

-<u>Premier message : de Hussayn à Mac-Mahon (14-07-1915)</u>
Comme préalable au soutien des Arabes aux Anglais contre les Ottomans, Hussayn propose :
++L'Angleterre reconnaîtra l'indépendance des pays arabes et un Arabe à la tête du califat des musulmans.
++Hussayn reconnaîtra la préférence de l'Angleterre dans tout projet économique dans les pays arabes.
++Entraide des deux gouvernements pour contrer les forces qui attaqueraient l'une ou l'autre des deux parties.
Hussayn demande aux Anglais une réponse dans 30 jours, sinon il sera libre de tout accord.

-<u>Deuxième message : Mac-Mahon à Hussayn (30-08-1915)</u> (à propos des frontières des Etats arabes)
MacMahon confirme la parole de Lord Kitchner transmise à Hussayn par Ali Affandi (intermédiaire entre Hussayn et MacMahon) à savoir la reconnaissance par l'Angleterre des pays arabes et ses populations et la

---

d'influence et à la partition de la région entre Anglais et Français qui sera effective quelques années plus tard.
Voir : Raschid I. Khalidi, British Polycy Towards Syria and Palestine, 1906-1914, Londres, 1980, 380 p. (Note de lecture, Revue d'Etudes Palestiniennes, n° 1, 1981, p. 148-150).
144 - Sources : Annexes en arabe : Yaqdhat al'Arab » (Le réveil arabe), Georges Antonius, Beyrouth, 1987, 653 p., p.543-577. C'est la traduction de l'anglais de l'ouvrage : The Arab Awakening, Lippincott, Philadelphie, USA, 1939. Ces annexes sont extraites de « Wathaïq ar-raïsiyya fi qadhiyyat Filastin » (Principaux documents sur la question palestinienne),première partie (1915-1946).Les annexes sont éditées par le Secrétariat général de la Ligue des Etats arabes.

reconnaissance également d'un califat arabe lors de son annonce.

Quant à la question des frontières, MacMahon déclare que le temps est prématuré pour en discuter, car les pays arabes sont toujours occupés par les Ottomans.

-Troisième message : Hussayn à Mac-Mahon (09-09-1915) (à propos d'une éventuelle occupation par les Français de Beyrouth et son littoral).

Le Chérif Hussayn déclare qu'il n'y a pas lieu de discuter les frontières des pays arabes, et il précise qu'il ne permet pas à la France d'occuper Beyrouth et son littoral).

-Quatrième message : Mac-Mahon à Hussayn (24-10-1915) (à propos des frontières).

Les Anglais ne reconnaissent pas l'arabité de plusieurs régions contenues dans les frontières définies par Hussayn.

Ils signalent à Hussayn qu'ils ne toucheraient pas aux intérêts français dans la région.

Enfin les Anglais proposent leurs conseils et protection dans les régions à l'intérieur de frontières reconnues par eux.

-Cinquième message : Hussayn à Mac-Mahon (05-11-1915) (frontières, participation aux Accords de paix après-guerre).

Hussayn voudrait qu'après la fin de la guerre, les Arabes participent officiellement aux Accords de paix, le seul moyen pour eux que leur problème soit discuté.

Par ailleurs, à propos de la protection des Arabes par les Anglais après la guerre (mentionnée dans le message précédent), le Chérif Hussayn répond : vous parlez de fonctionnaires et de conseils anglais alors que vous nous aviez annoncé que vous ne vous immisceriaient pas dans les affaires intérieures des Arabes.

-Sixième message : de MacMahon à Hussayn (13-12-1915).

Puisque des intérêts français existent à Alep et à Bey-

routh, les Anglais pensent que cette question, qui nécessite réflexion, sera traitée plus tard.
La question des intérêts anglais dans la wilaya de Baghdad nécessite un approfondissement et le cadre rapide dans lequel se déroulent les présentes négociations ne le permet pas.
Concernant l'après-guerre les Anglais répondent qu'ils ne feront la paix qu'à condition que la liberté des peuples arabes et leur libération des Allemands et des Ottomans soient considérées dans les préalables principaux de la paix.
D'autre part, Mac-Mahon envoie à Hussayn une somme de 20.000 livres comme « frais de guerre ».

-<u>Septième message : Hussayn à Mac-Mahon (01-01-1916)</u> (frontières, intérêts français).
Hussayn dit qu'il n'est pas question d'accepter l'occupation de Beyrouth et son littoral par la France.

-<u>Huitième message : Mac-Mahon à Hussayn (30-01-1916)</u>
Les Anglais disent qu'ils ne tolèrent aucune intervention extérieure dans les accords passés avec Hussayn. Ils disent également, qu'après la fin de la guerre, l'amitié franco-anglaise sera plus forte.

-<u>Neuvième message : Hussayn à Mac-Mahon (18-02-1916)</u>
Hussayn accepte le contenu du message du 30-01-1916. Il espère recruter 100.000 combattants. Il demande à l'Angleterre :
50.000 livres or, 20.000 caisses de riz, 15.000 de blé, 3.000 d'orge, 150 de café moulu, 150 de sucre, 5.000 fusils nouveau modèle.
Hussayn dit que leur intermédiaire sera Al-Kawadja Ilyas Affandi.
-<u>Dixième message : Mac-Mahon à Hussayn (10-03-1916)</u>
MacMahon accepte les demandes de Hussayn.

Fin du Chapitre_8

Les Alliés fournissaient aux Arabes (leurs alliés) des armes refusées par l'armée anglaise, parce qu'elles étaient vieillies

Chapitre_9

La Révolte arabe. L'action proprement dite

Le 5 juin 1916, les deux fils de Hussayn, Abdallah et Fayçal, se rendent à Médine sur la tombe de Hamza (oncle et compagnon du prophète Muhammad) et annoncent, au nom de leur père l'indépendance des Arabes de l'Autorité ottomane.
1.500 combattants arabes sont réunis à Médine[145].

§§§

1- Le Chérif Hussayn, roi des Arabes ou roi du Hidjaz (région de la Presqu'île arabique) ?
2- Débuts difficiles de la Révolte
L'aide anglaise arrive avec calcul et parcimonie
3- La prise d'Aqaba : succès pour les Arabes et désagrément pour les Français
4- Bilan de la Révolte arabe.
Le destin de la famille hachémite. Que devient Fayçal, le chef militaire de la Révolte arabe ?
5- Thomas Edwards Lawrence, dit Lawrence d'Arabie

§§§

1- Le Chérif Hussayn, roi des Arabes ou roi du Hidjaz ?

Fayçal quitte Médine en direction de la Mekke où se trouvait le camp des volontaires arabes pour la campagne des Ottomans contre le Canal de Suez occupé par les Anglais.
En route, Fayçal mobilise 6.000 combattants[146].
Il se rend ensuite au port de Yanbo' sur la mer rouge

---

[145] - Yaqdhat al'Arab (Le réveil arabe), Georges Antonius, Beyrouth, 1987, 653 p., p. 289. C'est la traduction de l'anglais de l'ouvrage : The Arab Awakening, Lippincott, Philadelphie, USA, 1939.
[146] - Les Autorités ottomanes avaient envoyé à Hussayn 18.000 fusils et 20.000 lires ottomanes or pour la préparation des combattants pour la campagne contre le Canal. Voir : Amine Saïd, Athawra al'arabyaa alkubra (La Grande révolte arabe), Le Caire (éd. Madbouly), sans date, 3 tomes, tome 1, p. 121.

et se prépare à la Révolte.
Fayçal avait-il trompé les volontaires arabes engagés du côté des Ottomans ?

La Révolte débute difficilement car il n'existe pas d'armée arabe au Hidjaz. Hussayn ne cesse de demander aux Anglais une aide substantielle qui n'arrive pas.

Les Anglais ne sont pas prêts à aider efficacement Hussayn, une fois qu'ils ont obtenu de lui la déclaration de son hostilité aux Ottomans.
Le Chef des forces anglaises au Caire ne croit pas à la Révolte arabe et pense plutôt réserver ses forces pour alimenter le front de la Palestine[147].
Lorsqu'ils signèrent les Accords Sykes-Picot, ni les Anglais ni les Français ne croyaient vraiment à l'expansion de la Révolte arabe[148].
En revanche les Allemands qui sont les alliés des Ottomans ne sous-estiment pas la Révolte arabe.
C'est ainsi qu'à partir d'Istanbul, le général Liman von Sanders, le commandant de la Cinquième Armée ottomane, adresse un rapport à Berlin, (10 juillet 1916), pour dire que la situation des Ottomans au Hidjaz est très défavorable[149].

Hussayn qui était jusque-là simplement Chérif et Gouverneur de la Mekke, est proclamé « Roi des Arabes » dans la mosquée de la Mekke (3 décembre 1916).

---

147 - La Grande révolte arabe, o.c. tome 1, p. 212.
148 - Lawrence d'Arabie déclare : « je savais, moi, qu'elle (l'expansion du Mouvement arabe) était possible ».
Voir : Les Sept piliers de la Sagesse, T.E. Lawrence, Paris, 1958, 825 p., p. 167.
149 Le général allemand Liman von Sanders pense que :
«Nous autres Allemands, devrions prendre (la Révolte arabe) beaucoup plus au sérieux que nous le faisons.
Par sa trahison, le très intelligent et influent Emir de la Mekke, avec sa Révolte, sur une grande échelle, a sérieusement compromis les intérêts religieux de tous les musulmans dans la région.
Ceux-ci pourraient même mettre en danger l'existence du gouvernement turc actuel ».
Voir : Lawrence d'Arabie, le lévrier fatal 1888-1935, Vincent-Mansour MONTEIL, Paris, Hachette, 1987,331 p., p. 99.

L'Emir Abdallah, désigné par son père responsable des Affaires extérieures annonce aux Chancelleries Alliées la proclamation par une dépêche adressée au Caire.
(Rappelons que l'Egypte est occcupée par les Anglais depuis 1882).
La dépêche est restée censurée par les Britanniques pendant 5 jours, le temps pour eux de se concerter avec les Français.

Anglais et Français sont contre l'attribution du titre de roi à Hussayn, car ce titre sous-entend une souveraineté sur des provinces arabes ottomanes déjà occupées avant la guerre 14-18 par les Anglais et les Français (Algérie, Tunisie, Egypte, Soudan, etc.) et sur des provinces que ces mêmes Français et Anglais se préparent à occuper, à la fin de la guerre (Syrie, Palestine, Liban, Jordanie, Iraq, etc.).

Le 3 janvier 1917, les deux puissances se limitent à reconnaître à Hussayn le titre de « Roi du Hidjaz » et non celui de «Roi des Arabes».

Hussayn aurait dû comprendre à ce moment-là qu'il était déjà dupé.

2- Difficiles débuts de la Révolte. L'aide anglaise arrive avec calcul et parcimonie

Au début de la Révolte, le Chérif Hussayn nomme un officier égyptien ministre de la guerre. Il s'agit de Aziz Ali al-Masri[150].

---

150 - Aziz Ali al-Masri, (Le Caire 1879 - Le Caire 1965). Officier égyptien. Il a servi dans l'armée ottomane et a joué un rôle important dans la Révolte arabe entre 1916 et 1918.
Il intègre le parti « Union et Progrès » des « Jeunes-Turcs ». Il est un des dirigeants de la Révolution de 1908 contre le Sultan. Il participe à l'attaque d'Istanbul en avril 1909.
Lorsque se déclarent les véritables intentions des Ottomans vis-à-vis des Arabes, Al-Masri cherche d'autres engagements pour la cause arabe. Avec son ami, l'officier Salim al Jazaïri, ils créent l'association clandestine « Al-Qahtaniyya ».
Après le gel de celle-ci, ils créent une autre association clandestine, « Al 'Ahd », formée uniquement d'officiers de l'armée, sauf 2 exceptions. « Al 'Ahd », qui comprend un grand nombre d'Iraquiens,

Celui-ci met au point un plan de formation d'une armée arabe capable de résister à toute intervention étrangère dans la Presqu'île arabique[151].

Trois mois seulement après son arrivée au Hidjaz, Al-Masri retourne au Caire, à cause d'un désaccord avec les Anglais. Al-Masri avait demandé aux Anglais de lui fournir les canons pris aux Ottomans sur le front de Palestine.

Et lorsque la réponse anglaise tarde à venir, Al-Masri pense que les Anglais cherchent la fin des Arabes et des Ottomans en même temps, en les laissant s'éliminer les uns les autres. Les propos d'Al-Masri sont rapportés à Hussayn et aux Anglais.

Ceux-ci obligent alors le Chérif à éloigner Al-Masri qui sera remplacé par Noury Saïd[152].

Noury Saïd déclare que les Alliés entretenaient des soupçons à l'égard de la Révolte arabe.

Les Alliés approvisionnaient les Arabes avec des armes refusées par l'armée anglaise, parceque vieillies. Noury Saïd avance également qu'il manquait des pièces aux canons fournis par les Anglais à Djaddah, ville de la Presqu'île arabique.

Au reste il n'y avait ni instructions ni instructeurs pour accompagner le matériel[153].

---

est une association identique à « Al-Arabiyya Al-Fatat », celle des « civils ».
Les 2 associations ignorent leur existence jusqu'en 1915 où elles se contactent à Damas. Elles harmonisent leur action pour la direction de la Révollte arabe.
Voir : Yaqdhat Al-'Arab (Le réveil arabe), o.c. p. 196.
Aziz Al-Masri participe à la Révolution des Officiers Libres d'Egypte de 1952. Il est nommé ambassadeur d'Egypte à Moscou en 1953.
Le président égyptien Nacer a connu Aziz Ali al-Masri lorsqu'il était étudiant à l'Académie militaire égyptienne où enseignait alors Aziz Ali Al-Masri.
151 - « Le gouvernement du Chérif Hussayn au Hidjaz », A. Témimi, Revue d'Histoire Maghrébine, n° 83-84, juillet 1996, p. 753-794, p. 762.
152 - La Grande Révolte arabe, o.c. t 1, p. 214.
153 - Suleiman Moussa, Songe et mensonge de Lawrence, Paris (Sindbad), 1973, 355 p., p. 57-58. L'édition originale arabe est de 1962. Cet ouvrage est traduit de l'anglais par Hélène Houssemaine et précédé de « Lawrence vu par les Arabes » par Vincent Monteil.

Français et Anglais considèrent le Chérif et les Arabes comme un moyen à utiliser à leur guise et non comme des partenaires qu'il faut doter d'un armement puissant et moderne.

Les Alliés ne permettent donc pas au Chérif de constituer une armée qui menacerait dangereusement leur stratégie qui prévoyait d'occuper, à la fin de la guerre, les provinces arabes de l'Empire ottoman.

En conclusion, il fallait faire échouer toute tentative de structuration d'un véritable ministère arabe de la guerre[154].

Malgré ces difficultés, un nombre important d'Arabes s'engagent dans les troupes de la Révolte.

Ils voient dans cet engagement un resserrement de la cohésion de la nation arabe.

Car la Révolte a un caractère national et non religieux, ce qui ne plait guère aux Anglais qui sont contre la diffusion des idées nationalistes arabes[155].

Les soldats et les officiers arabes de l'armée ottomane en Palestine (un front important aussi bien pour les Ottomans que pour les Anglais) sont appelés par Hussayn à rejoindre la Révolte.

Des avions de l'armée anglaise (déjà présente en Palestine) lancent des tracts à destination des soldats arabes.

Dans ces tracts, le Chérif Hussayn déclare :
« Nous combattons pour deux raisons nobles : Défendre notre religion (et) Libérer les Arabes, de tous les

---

154 - « Le gouvernement du Chérif Hussayn au Hidjaz », o.c. p. 761-762.
155 - Selon le témoignage du leader arabe, le Docteur Shahbender, voir : Songe et mensonge de Lawrence, o.c. p. 58. L'Emir Fayçal, le fils du Chérif, recrute de nouveaux alliés toujours sur la base de convictions. Il faisait prêter le serment suivant aux Arabes lors de leur engagement :
« Mettre l'indépendance des Arabes au-dessus de la vie, de la famille et des biens terrestres », voir : Les Sept piliers de la Sagesse, T.E. Lawrence, Paris, 1958, 825 p., p. 220.
Lawrence dit à propos de Fayçal que « son individualité avait cédé à l'idéal sa troisième dimension, et avait renoncé à la richesse et aux artifices du monde », Les Sept piliers de la Sagesse, T.E. Lawrence, Petite bibliothèque Payot, Paris, 1973, 437 p., p. 297.

Arabes, de l'Autorité turque »[156].

Fayçal a sous ses ordres 50.000 hommes avec un fusil pour 5 hommes, alors qu'au Hidjaz les Ottomans disposent de 15.000 soldats bien armés.

Dans la Presqu'île arabique, Djaddah tombe entre les mains des Ottomans le 16 juin 1916, la Mekke le 9 juillet, les petits ports de Yanbo' et Râbigh le 27 juillet.

Après la prise du port de Yanbo', les Anglais envoient d'Egypte des soldats égyptiens, commandés par des officiers musulmans. Ces soldats apportent avec eux au Hidjaz 3.000 fusils[157].

L'entente secrète des Arabes avec les Anglais n'est pas rapportée par les journaux[158].

§§§

3- La prise d'Aqaba : succès pour les Arabes, désagrément pour les Français

Trois mois et demi après le début de la Révolte, la situation au Hidjaz avait évolué de la façon suivante :
a- les forces arabes ont fait 6.000 prisonniers ottomans de tous rangs ; elles ont récupéré des armes et du matériel à même d'équiper une division ; elles ont occupé un certain nombre de garnisons ;
b- les forces ottomanes à Médine ont été portées à 14.000 hommes ;

---

[156] - Wathaïq Filastin : Mi'atan wa thamanuna wathiqa mukhtara 1839-1987 (Documents sur la Palestine : 280 documents choisis, 1839-1987), Daïrat ath-thaqafa (O.L.P.), 1987, 486 p., p. 49-50. Documents, Paris, Institut du Monde Arabe.
[157] - : J.M.N. Jeffries : The reality (préface de l'auteur datée de fin 1938).
Ttraduit à l'arabe sous le titre : Filastin ilaykom alhaqiqa, par Ahmad Khalil AlHadj, Le Caire (AlHay'a almisriya al'amma li-ta'lif wal-nachr) : tome 1 (1971, 313 p.), tome 2 (1972, 257 p.), tome 3 (1973, 187 p.), tome 4 (1973, 205 p.), tome 1, p. 197-199.
[158] - Ibid.

c- les 3 divisions ottomanes stationnées dans l'Assir (Presqu'île arabique) et au Yémen sont isolées.
Leur moyen de communication avec le gros des forces ottomanes à travers le Hidjaz était rompu ;
d- les opérations militaires arabes ont fait échouer la mission allemande Stotzingen et ont stoppé les forces ottomanes commandées par Kheyry Bey qui avaient pour but d'étendre à l'Afrique les hostilités contre les Alliés[159].

La prise d'Aqaba (port sur la mer rouge) par la Révolte arabe (6 juillet 1917), est importante pour les Arabes, car c'est le point de jonction entre les troupes arabes et les troupes anglaises[160]. C'est en même temps une bataille et une victoire arabes hors du Hidjaz.

Les Arabes s'ouvrent ainsi le chemin de Damas. Arriver à Aqaba pour les Arabes, c'était «arracher» la reconnaissance des Anglais.

Aqaba était également un point stratégique convoité par les Français. Ceux-ci voulaient confiner les Arabes en Arabie et les contraindre à y user leurs forces sans armement efficace. Ils voulaient empêcher les Arabes de participer à l'attaque d'Aqaba. Le plan français consistait à prendre Aqaba par la mer et y débarquer avec les Anglais pour détruire le Mouvement arabe[161].
En définitive, Aqaba sera prise par l'intérieur par l'armée de l'Emir Fayçal.
Malgré la prise d'Aqaba, le général anglais Allenby ne voulait pas que les combattants arabes fassent partie de son armée pour entrer en Palestine[162].

---

159 - Songe et mensonge de Lawrence, o.c. p. 56-57.
160 - Lawrence s'attribue l'idée de la prise d'Aqaba et des écrivains ont colporté cette idée.
Mais, selon l'historien Suleiman Moussa, la décision de la prise d'Aqaba est décidée au printemps de 1917 par Fayçal et 'Awda Abu Taya'. Le mérite revient à 'Awda et à Nacer ben Hussy, le Chérif de Médine. Voir : Songe et mensonge de Lawrence, o.c. p. 105-106.
161 - Les Sept piliers de la Sagesse, T.E. Lawrence, Paris, 1958, 825 p., p. 211.
162 - Jeffries, o.c. t. 1, p. 209.

A ce propos, le gouverneur ottoman de Syrie, Djemal Pacha, déclare que les Anglais n'attaquèrent la Palestine, qu'une fois assurés de l'entrée en guerre des Arabes contre les Ottomans, car la Révolte arabe a obligé ceux-ci à défendre le Hidjaz et donc à retirer une partie de leurs troupes de Palestine[163].

Après la prise d'Aqaba, Fayçal se dirige vers Damas en Syrie. Les Anglais essayent de le dissuader, car la Syrie était réservée aux Français, d'après les accords, encore secrets à ce moment-là, passés entre Français et Anglais (Accords Sykes-Picot).
Fayçal menace alors de négocier avec les Ottomans et ainsi rompre les accords passés avec les Anglais[164].

A la fin, Fayçal entre à Damas le 3 oct. 1918, 28 mois après le début de la Révolte.

4- Bilan de la Révolte arabe. Le destin de la famille hachénite. Que devient Fayçal, le chef militaire de la Révolte arabe ?

Les troupes arabes ont réussi à faire sortir les forces ottomanes de la côte du Hidjaz (dans la Presqu'île arabique) et ont parcouru près de 1.300 km à partir de la Mekke[165].
D'après des publications anglaises, les forces arabes présentes dans l'offensive finale contre les Ottomans sont importantes.
Pour cette offensive :
-les Ottomans disposent de 34.000 hommes et de 402 canons ;

---

[163] - La grande Révolte arabe, o.c. tome 1, p. 100.
[164] - Fayçal répond au général Allenby : « Si les Anglais n'étaient pas capables de tenir leur partie, alors il sauverait son peuple en concluant avec la Turquie une paix séparée ».
Voir : Les Sept piliers de la Sagesse, T.E. Lawrence, Petite bibliothèque Payot, Paris, 1973, 437 p., p. 304-305.
[165] - La Révolte arabe assiégea, captura ou attaqua 40.000 soldats ottomans et s'empara en outre de plus de 100 canons, voir : Songe et mensonge de Lawrence, o.c. p. 306 (selon un discours de Lord Cecil à la Chambre des Lords dans un exposé sur la Révolte).

- le général anglais Allenby dispose de 69.000 hommes et de 540 canons ;
- l'armée arabe compte 8.000 soldats réguliers de tous grades, plus des volontaires et des partisans[166].

Selon Sir Storrs[167] : l'or envoyé par l'Angleterre aux Arabes correspondait à moins de 10 pour cent de la somme totale que coûta au contribuable anglais la Révolte dans le désert qui s'élevait à 11 millions de livres or[168]. De son côté, Suleiman Moussa déclare qu'« il est clair que l'aide anglaise fut bien loin d'atteindre les bénéfices militaires et politiques que la Grande-Bretagne retire de l'effort arabe. Est-il possible de comparer les 11 millions de livres avec les efforts et les sacrifices des Arabes ? ».

A la Conférence de Paix (1919), l'Emir Fayçal déclarera que les Arabes avaient engagé cent mille hommes sur le champ de bataille dont dix mille sont morts pour la cause qu'ils défendaient[169].

Les Arabes ont remporté des succès sur les fronts des combats, mais n'ont rien obtenu.
Ils ont été trahis par les Anglais. Ceux-ci ont colonisé avec les Français des provinces arabes de l'Empire ottoman (Accords secrets Sykes-Picot) et ont décidé de céder la Palestine aux juifs à travers la « Déclaration Balfour » (2 novembre 1917).

---

166 - Songe et mensonge de Lawrence, o.c. p. 216.
Lawrence estime l'armée régulière arabe en 1917 à 3.000 hommes. Voir : Les Sept piliers de la Sagesse, T.E. Lawrence, Petite bibliothèque Payot, Paris, 1973, 437 p., p. 184.

167 - Ronald Storrs participe aux négociations entre Hussayn et McMahon. Il fut gouverneur de Jérusalem (1917 à 1920), puis gouverneur de Judée jusqu'en 1926.

168 - Songe et mensonge de Lawrence, o.c. p. 301. Selon le général Wingate, Haut-commissaire pour l'Égypte, il s'agit surtout des sommes versées aux tribus « rebelles », soit d'après Lawrence, 2% de la population totale du Hidjaz.
Voir : Lawrence d'Arabie, le lévrier fatal 1888-1935, Vincent-Mansour MONTEIL, Paris, Hachette, 1987, 331 p., p. 103.

169 - Songe et mensonge de Lawrence, o.c. p. 303.

L'Emir Fayçal en Syrie

Fayçal, chef militaire de la Révolte arabe, arrive à Damas (Syrie) avec son armée, le 3 octobre 1918, soit 28 mois après le début de la Révolte arabe.

Dès le 4 octobre, Fayçal annonce la création du Gouvernement civil de Damas qui durera jusqu'à la bataille de Khan Mayssaloun (20 juillet 1920)[170].
C'est sous ce gouvernement qu'est créée l'Académie Arabe de Damas (1918), qui est la plus ancienne académie consacrée à la langue arabe.

A Damas, l'Emir apprend de la bouche du général Allenby et de T.E. Lawrence, la mise sous tutelle française de la Syrie.

Au moment où sont étudiés les traités de paix à la Conférence de paix de Paris (1919), des délégations syriennes et libanaises s'y rendent pour défendre les revendications de la Syrie.

En janvier 1920, après l'abandon des Anglais et l'indifférence des Américains, Fayçal se trouve sous la pression des Français qui sont décidés à occuper la Syrie, conformément aux Accords Sykes-Picot (1916)[171].
De plus, l'Emir doit reconnaître le protectorat français sur le Liban (arraché à la Syrie).

Les conditions posées par les Français sont insupportables pour Fayçal et les nationalistes syriens.

---

170 - Youssef al-`Azma, ministre de la guerre du roi Fayçal, est tué lors des combats contre les Français dans la bataille de Mayssaloun, à 25 km de Damas, le 24 juillet 1920.
Cette date est commémorée, chaque année, dans le cimetière des Martyrs à Mayssaloun. A Damas, une grande place, au centre de laquelle se dresse la statue de Youssef al-`Azma, porte son nom.
171 - Les Français veulent un accord incluant « un conseil français sur les questions financières et un second sur les questions des travaux publics. L'arabe est la langue officielle de la Syrie, mais l'enseignement du français est « obligatoire et privilégié ».

Le 7 mars 1920, le Congrès national syrien vote l'« indépendance de la Syrie et son unité intégrale avec la Palestine et la Transjordanie, et proclame Fayçal ben Hussayn « Roi constitutionnel » du Royaume arabe de Syrie sous le nom de Fayçal 1er ».

Un mois plus tard, le 25 avril 1920, la Syrie est placée sous mandat français par la conférence de San Remo. Et le Général Henri Gouraud[172], Haut-commissaire du Gouvernement français au 'Levant' (Syrie et Liban), de 1919 à 1923, adresse un ultimatum depuis Beyrouth (occupée) à Fayçal.
Dans cet ultimatum le général demande à Fayçal d'accepter la tutelle française sur le Liban et la Syrie, de dissoudre l'armée syrienne et d'arrêter les opérations hostiles à la France.

Youssef al-'Azma, le ministre de la guerre, refuse l'ultimatum du général Gouraud sans arriver à convaincre le roi Fayçal.
Malgré l'attitude de son ministre de la guerre et d'imposantes manifestations populaires opposées à la tutelle française, le Roi Fayçal accepte l'ultimatum.

Il ne resta plus à Youssef al-'Azma qu'à prendre la tête de soldats et de volontaires, hommes et femmes, et à se diriger à la rencontre des forces ennemies françaises qui se dirigeaient vers Damas.
Il ne voulait pas que l'histoire retienne que les Français sont entrés à Damas sans résistance.
Il mourut avec de nombreux soldats et volontaires en résistant à Mayssalun, à 25 km de Damas et non loin de la frontière actuelle du Liban, le 24 juillet 1920.

---

172 - Henri Gouraud (1867-1946) est un général français qui représente bien la colonisation française. Il est connu pour ces interventions brutales aux colonies : Mali, Mauritanie, Tchad, Maroc.
Il poursuit ses interventions au Levant. Il a arraché le Liban et la Transjordanie à la Syrie, après des massacres de population et des villages rasés, des bombardements, etc.
Le Général était un fervent catholique pratiquant.

Cette bataille était menée du côté français par la Division du Levant du général Mariano Goybet. Les Français entrent à Damas le 25 juillet 1920.

Après la bataille de Mayssaloun, le roi Fayçal est contraint à l'exil en Italie.

Lorsque le général Gouraud entre à Damas, il se dirige vers le tombeau de Salahuddin Al Ayyubi (Saladin).
Il essuya la semelle de ses bottes sur la tombe et dit :

« Réveille-toi, Saladin, nous sommes de retour.
Ma présence ici consacre la victoire de la Croix sur le Croissant »[173].
Le général Gouraud est traité par les Syriens de :
« Saigneur de la Syrie ».

La résistance syrienne débute dès l'arrivée des Français à Damas.
Le 23 juin 1921, le général Gouraud est la cible d'un attentat.
Il tombe dans une embuscade sur la route de Damas à Kuneitra. Un de ses officiers est tué, mais le général échappe à la mort.
Gouraud faisait partie d'un convoi comprenant le général Mariano Goybet et le consul général Carlier, Secrétaire-général adjoint du 'Haut-Commissariat Français' en Syrie et au Liban.

On citera également la révolte syrienne (1924-1926). Des émeutes qui éclatent en Syrie sont rudement réprimées par l'armée française.

«Damas, la capitale syrienne, est ainsi bombardée durant trois jours… ».
«… Le journal de bord d'Alice Poulleau relate ainsi, au jour le jour, durant deux ans, avec quelle indignation,

---

173 - «Partant pour la Syrie», Pierre La Mazière, 1926. Voir également : «Syrie : La France asservie…», Georges Stanechy, Le Grand Soir, Journal Militant d'Information Alternative, 20/07/2011.
Georges Stanechy cite : Quand la Syrie s'éveillera…, de Richard Labevière et Talal El-Atrache, Préface d'Alain Cholet, Ed. Perrin, 2011.

le cycle infernal d'une répression aveugle »[174].

En 1945, au lendemain de l'armistice de la 2° guerre mondiale, la France tirait encore au canon sur la population de Damas : « Le 29 mai 1945, après dix jours de manifestations ininterrompues, les Français sur ordre du Général Oliva-Roget, bombardent Damas pendant 36 heures d'affilée.
Les morts et les blessés se comptent par centaines. Une partie de la ville est détruite par ce bombardement, dont le parlement syrien »[175].

Fayçal : de la Syrie à l'Iraq...en passant par l'exil en Italie. Il deviendra, en 1921, roi d'Iraq jusqu'à sa mort en 1933.

Le Mandat britannique de l'Iraq est décidé par la Société des Nations (SDN) en 1920. Immédiatement, les Iraquiens se révoltent contre les Britanniques.
C'est la Grande Révolution Iraquienne de 1920.
La population, ainsi que des officiers de l'ancienne armée ottomane et de nombreux officiers iraquiens qui ont combatu les Français en Syrie, se soulèvent contre l'occupation anglaise.
L'objectif de la Révolution est l'« indépendance de la domination britannique et la création d'un gouvernement arabe ».

Quelques mois plus tard, fin octobre 1920, la révolte est « écrasée » par les Anglais, par la voie aérienne :

« La Royal Air Force au cours de nombreuses missions totalisant **4.000 heures** de vols, emploie **97 tonnes** de bombes, **183000** munitions et n'enregistre que 9 tués, 7 blessés et 11 appareils détruits.

---

174 - « A Damas sous les bombes », journal d'une Française pendant la révolte syrienne (1924-1926), Alice POULLEAU, date de publication originale 1926. Ce livre est longtemps « interdit à la vente dans les pays sous mandat et jamais réédité ».
Il est réédité recemment par les Ed. L'Harmattan, Paris, Préface de François Burgat, septembre 2012, 256 pages.
175 - « Syrie : La France asservie... », o.c.

Environ **9.000 rebelles** perdent la vie dans ce conflit. Certains seront victimes de gaz de combat (type moutarde), voire d'armes au phosphore »[176].
Et, environ 500 soldats britanniques et indiens sont morts pendant la Révolte.

Malgré ce massacre, la résistance iraquienne se poursuit contre les Britanniques.

La Révolte de 1920 aurait coûté 40 millions de livres au Gouvernement britannique. Cette somme correspond à 2 fois le budget annuel alloué à l'Iraq, et autant que l'ensemble du financement de la Révolte arabe contre l'Empire ottoman.

La Révolte de 1920 a poussé les Britanniques à changer radicalement leur politique en Iraq.
Winston Churchill, le nouveau Secrétaire à la colonisation, est à l'origine de ce changement.

En mars 1921, la « Conférence du Caire », réunie par Churchill a décidé qu'Abdallah, le 2ème fils du Chérif Hussayn, sera Emir de Transjordanie, et Fayçal, Roi d'Iraq (23 août 1921).
Ce dernier sera placé sous le contrôle d'un Haut-commissaire britannique.
Les Anglais connaissent bien Fayçal, puisqu'il a collaboré avec eux pendant la guerre 1914-1918.
Fayçal signe en 1927 un traité fixant la date limite de 1932 pour l'indépendance du Royaume et l'adhésion à la SDN.
L'« Iraq Petroleum Company » est fondée en 1928, après la découverte en 1927 de plusieurs champs de pétrole dans le nord du pays. Les intérêts des Britanniques dans le domaine pétrolier sont garantis par les Traités du 30 juin 1930.

---

176 - Peter Sluglett et University of Oxford. Middle East Centre, Britain in Iraq, 1914-1932, Londres, Ithaca Press for the Middle East Centre, St Antony's College, Oxford, 1976. Voir également : Les clés du Moyen Orient.fr. Article du 01/02/2010 par Anne-Lucie Chaigne-Oudin.

Enfin, le 3 octobre 1932, le Royaume d'Iraq est admis au sein de la Société des Nations (SDN), le Royaume étant désormais indépendant de droit.
« Le système du Haut-commissariat britannique reste par ailleurs en place dans les faits ». Les Britanniques maintiennent leurs bases militaires en échange de la reconnaissance de l'indépendance[177].
Fayçal restera roi d'Iraq jusqu'à sa mort en 1933[178].

5- Rôle de Thomas Edwards Lawrence, dit Lawrence d'Arabie, pendant la guerre 1914-1918

Un homme a joué un rôle important comme intermédiaire entre les Arabes et les Anglais dans la guerre contre les Ottomans. Il s'agit de Thomas Edward Lawrence, qui n'était pas plus qu'un espion anglais.
Lawrence est affecté à l'«Arab-Bureau»[179] au Caire, le 18 novembre 1916.
Il dépend du ministère anglais des Affaires étrangères et il est en relation avec des personnalités influentes du Proche-Orient[180].

Déjà, bien avant son affectation à l'« Arab-Bureau », Thomas Edward Lawrence espionne pour le compte de l'Angleterre sous la couverture d'archéologue.
Parmi ses missions :
-Observer en Turquie la construction du chemin de fer réalisé par les ingénieurs allemands[181] ;
-Mener à bien un relevé topographique du désert du

---

[177] - Charles Saint-Prot, Histoire de l'Irak de Sumer à Saddam Hussein, Ellipses, 1999.
[178] - Son fils aîné Ghazi Ier devient roi d'Iraq la même année. Le coup d'Etat de 1958 met fin à la monarchie. L'Iraq devient une République. Le dernier roi hachémite est Fayçal II (le petit fils de Fayçal).
[179] - L'Arab-Bureau est fondé au Caire en février 1916 par les Britanniques pour servir leurs intentions (le Bureau est formé de chercheurs anglais, orientalistes, voyageurs, archéologues, espions).
[180] - On peut citer John Maxwell, chef de l'Armée d'Egypte, Mac-Mahon, chef du pouvoir civil en Egypte, voir : Lawrence, le lévrier fatal, o.c. p. 71.
[181] - Lawrence, le lévrier fatal, o.c. p. 35.

Sinaï en Egypte[182].

Par ailleurs, Lawrence cherche à établir des liens avec le mouvement nationaliste arabe.
«Non qu'il parcourût le pays en prêchant la sédition !... dit Benoist-Méchin, mais il tissait méthodiquement la toile de connexions et de relations qui le liait aux animateurs nationalistes arabes clandestins, etc... »[183].

Lawrence part pour Yanbo', un port du Hidjaz dans la Presqu'île arabique, pour rejoindre l'Emir Fayçal déjà engagé dans la Révolte contre les Ottomans.

Les Arabes sont étonnés de la surestimation de la gloire faite à Lawrence, surtout lorsque celui-ci est décrit comme le chef de la Révolte arabe.
Et puis, tous ses biographes occidentaux ne comptent dans leurs travaux que sur ses propres dires.

«Sans la Révolte arabe, dit Suleiman Moussa, Lawrence et sa légende n'auraient pas existé»[184].

Fin du Chapitre_9

---

[182] - Lawrence dit : « Le point de rencontre est fixé à Beersheba, au Negev (Palestine). L'expédition est patronnée par le Fonds d'Exploitation de la Palestine avec le prétexte de retourner sur les traces des anciens Hébreux ».
Sur ce sujet, Lawrence écrit à sa famille le 4 janvier 1914 : « Nous servons évidemment à donner une fausse piste archéologique à un travail politique ».
« L'équipe s'embarque à Beyrouth pour Yaga, puis Ghazza et Beersheba », Lawrence, le lévrier fatal, o.c. p. 53.
[183] - Benoist-Méchin Jacques : Lawrence d'Arabie, Paris, Librairie académique Perrin, 1979.
[184] - Songe et mensonge de Lawrence, o.c. p. 301.

La mémoire de Thomas Edward Lawrence est toujours vivante en Angleterre.

C'est ainsi qu'une exposition lui est dédiée en 2006 au Musée militaire impérial de Londres.
A l'entrée de l'exposition, à côté d'un portrait de Lawrence en costume arabe, une phrase, empruntée au journal Times, s'étale sur le mur :
«Lawrence représente une source d'inspiration pour les forces américaines dans leur guerre contre la rébellion en Iraq» (il s'agit de l'agression, principalement anglo-américaine, contre l'Iraq (2003).

Dans cette exposition de nombreux objets appartenant à l'espion anglais sont présentés. Parmi ces objets on remarque une couronne en bronze sur laquelle est écrit en arabe: « Cette couronne est offerte par l'empereur allemand Guillaume II en souvenir de sa visite au mausolée de Saladin (à Damas) ».
A côté de la couronne, un écrit de la main de Lawrence :
« Je l'ai retirée (la couronne) du mausolée parce que Saladin n'en a plus besoin ».
Voir:'Awny Al-Jayuçi, Al-Quds Al-Arabi, quotidien arabe édité à Londres, 04 avril 2006.

Chapitre_10

La Révolte arabe et la France

La promesse anglaise de l'indépendance faite aux Arabes -– s'ils s'engageaient contre les Ottomans -- n'est pas du goût de la France, qui craint pour ses colonies. La crainte est exprimée par le Président de la République française, Raymond Poincaré[185].

§§§

1- La mission française en Arabie (1916-1918)
2- La France prépare l'occupation de la Syrie et du Liban

§§§

1- La mission française en Arabie (1916-1918)

Après avoir été opposée à toute indépendance arabe, la France accepte, à travers un accord entre Edward Grey, ministre anglais des Affaires étrangères, et Paul Cambon, ambassadeur français à Londres, de reconnaître un Etat arabe indépendant, ou un groupement d'Etats arabes indépendants, sous la compétence d'un chef arabe, Etats qui seront sous la protection de l'Angleterre et de la France.

(Il faut remarquer que cet accord exclut les colonies arabes déjà occupées par les Anglais et les Français avant la guerre 1914-1918).

Par l'intermédiaire des Anglais, la France demande au Chérif Hussayn d'adresser une circulaire manuscrite et nominative, aux notables musulmans des colonies françaises qui seront choisis par la France.
Ces notables sont originaires de : Tunisie, Maroc, Al-

---

185 - La Déclaration Balfour, 1917 : Création d'un foyer national juif en Palestine présentée par Renée Neher-Bernheim, Paris, 1969, 473 p., p. 152.

gérie, Mali, Sénégal, Niger, Guinée et Côte d'Ivoire[186].

La circulaire, datée du mois d'août 1916, critique les Ottomans pour leur non-respect de la religion musulmane et des Lieux Saints de la Mekke qu'ils sont sensés défendre.
Elle dénonce également les exécutions par pendaison de plusieurs nationalistes arabes.

D'un autre côté, la France envoie en Orient une mission composée en majorité de Maghrébins sous la responsabilité du Lieutenant-colonel Brémont (chrétien), et du Haut fonctionnaire d'Algérie, Kaddour Ben Ghabrit (musulman)[187].
Six notables, ainsi qu'un groupe de 600 pèlerins musulmans des colonies françaises, accompagnent cette 1ère mission française au Hidjaz (région de la Presqu'île arabique)[188]. La présence de ces civils dans la mission a pour objectif de montrer que les musulmans des colonies exercent librement leur religion.
La France avait intérêt à ménager le Chérif Hussayn, car en tant que «Gardien des Lieux Saints de l'islam»,

---

[186] - « La première circulaire de la grande révolte arabe et sa distribution en Afrique du Nord », Suleiman Moussa, Revue d'Histoire Maghrébine, Tunis, 1977, n° 7-8, p. 227-268, p. 106-111.

[187] - Le lieutenant-colonel Brémond, arabisant, qui dirige la mission, a fait la plus grande partie de sa carrière militaire au Maghreb. Il est l'architecte de la politique française dans la Presqu'île arabique. Les officiers de la mission militaire sont tous musulmans, sauf Brémond.
Le but de la mission est l'étude des besoins et des moyens à mettre à la disposition du Chérif Hussayn.
Le lieutenant-colonel Brémont ne s'entendra pas avec l'anglais Thomas Edward Lawrence. Pour préserver la cohésion entre les Alliés, Brémont sera rappelé en France.
Kaddour Ben Ghabrit, porte-parole du gouvernement de la République, est le seul qualifié pour le représenter auprès du Chérif de la Mekke.
Haut fonctionnaire musulman d'Algérie, Ben Ghabrit a servi au Maghreb et en Arabie. Il est le premier imam de la mosquée de Paris et le directeur de l'Institut musulman de Paris.

[188] - «Le gouvernement du Chérif Hussayn au Hidjaz», A. Témimi, Revue d'Histoire Maghrébine, n° 83-84, juillet 1996, p. 753-794, p. 764-765.

il représente un symbole important aux yeux des musulmans.
De plus, il ne fallait pas que les musulmans imaginent que la France ignore le Chérif.

Tout ceci se passe en mai 1916, au moment même où sont signés secrètement entre la France et l'Angleterre les Accords Sykes-Picot pour le partage des provinces arabes de l'Empire ottoman.

Kaddour Ben Ghabrit déclare, lors de sa réception officielle par le Chérif Hussayn :
« Ce mouvement (la Révolte arabe) a eu sa répercussion dans l'âme des millions de musulmans habitant l'Afrique à l'ombre de la protection de cette puissance (la France) qui, dans sa civilisation et son humanité, respecte l'islam et ses traditions religieuses, ils s'en sont réjouis d'une manière que rien n'égale... »[189].

2- La France prépare l'occupation de la Syrie et du Liban

Voici ce que pensent les Français du futur et hypothétique royaume du Chérif Hussayn :

« Le nouveau gouvernement arabe ne pourra pas vivre par ses propres moyens.
Le Hidjaz est un pays pauvre vivant exclusivement du pèlerinage et de l'importation.
A ce titre il est tributaire des Indes et partant des Anglais. Le royaume du Chérif ne pourra donc durer et s'organiser que s'il se place sous la tutelle d'une puissance étrangère. Car le jour où les avances faites par l'Angleterre et la France viendront à s'épuiser, une révolte éclaterait et l'Angleterre opérerait un débarquement »[190].

La France appuie la revendication d'indépendance du Chérif, mais elle est contre sa prétention à l'établisse-

---

[189] - « Le gouvernement du Chérif Hussayn au Hidjaz », o.c. p. 784.
[190] - Ibid, p. 790.

ment d'un Califat arabe. Ce sont les instructions confidentielles confiées à Kaddour Ben Ghabrit par le gouvernement français.
Pour contrecarrer le projet du Califat envisagé par Hussayn, la France pense à un califat d'Occident avec le roi du Maroc comme Calife[191].

La question de la Syrie est un autre problème de friction entre le Chérif Hussayn et la France. Les Français imposent au Chérif d'éloigner les nationalistes syriens anti-français de son entourage. (Rachid Ridha, entre autres, est expulsé du Royaume à la demande du lieutenant-colonel Brémond).

De plus Brémond qui conseille à son gouvernement de ne pas armer le Chérif, propose de prendre la ville de Médine occupée par les Ottomans pour s'ouvrir le chemin de Damas. Alors que l'anglais Thomas Edward Lawrence encourage la prise de Médine par le Chérif.
L'Emir Fayçal n'avait-il pas déclaré que « si les Français entraient en Syrie sans les Arabes il les combattrait »?[192].

Quant à Ben Ghabrit, il pense que l'occupation française de la Syrie créerait des problèmes avec le Chérif et qu'il faudrait profiter de la faiblesse de celui-ci pour passer avec lui un accord qui limiterait ses ambitions.

Par ailleurs, la France rejette une requête de Hussayn de personnels expérimentés, plutôt maghrébins, pour mettre en valeur la vallée de la Mekke, et créer des tanneries (pour traiter les peaux des moutons sacrifiés lors du pèlerinage)[193].

Dans son chemin vers l'Arabie, la mission française prend contact avec les étudiants maghrébins du Caire. Lors de son passage au Caire, le commandant Cadi, de la mission militaire française au Hidjaz, est chargé

---
191 - Ibid, p. 765-766.
192 - Ibid, p. 768-769. (Citant le lieutenant-colonel Brémond).
193 - Ibid, p. 758-759.

par le représentant de la France en Egypte de se rendre à l'Université d'Al-Azhar et de rencontrer les étudiants maghrébins.

En effet, les Français craignent le « mauvais esprit » qui règne à Al-Azhar, où il se noue «des intrigues dont les possessions françaises ne peuvent que souffrir».

Plus généralement, l'opinion publique musulmane au Caire sympathise avec les Ottomans et considère que toute atteinte à l'intégrité territoriale de l'Empire est une atteinte à l'unité du monde musulman[194].

Fin du Chapitre_10

---

[194] - « Documents sur les étudiants maghrébins à l'Université Al-Azhar au Caire durant les années 1916-1918 », A. Témimi, Revue d'Histoire Maghrébine, n° 69-70, mai 1993, p. 245-261. Le rapport du commandant Cadi, daté du 19 septembre 1916, signale que durant l'année 1916, le nombre d'étudiants maghrébins était de 54 (29 Algériens, 15 Tunisiens et 10 Marocains).
Un rapport du représentant de la France (en Egypte) signale le nombre de 125 étudiants en incluant dans ce compte les étudiants libyens, Ibid, p. 247-251.

L'ombre des Accords Sykes-Picot plane depuis un siècle sur l'Orient arabe

Chapitre_11

La Palestine, pendant la guerre 1914-1918

§§§

1- Les Palestiniens pendant la guerre 1914-1918
2- La résistance contre le sionisme pendant la guerre
3- Les sionistes, la Palestine et la guerre

§§§

1- Les Palestiniens pendant la guerre 1914-18

Au début de la guerre, la population palestinienne est favorable au gouvernement ottoman[195].

Après l'arrivée de 76.000 soldats ottomans en Palestine, avec le but de reprendre le Canal de Suez aux Anglais, la population palestinienne se met, dans sa majorité, du côté de l'Etat ottoman.
Des manifestations de soutien aux Ottomans se déroulent à Al-Quds (Jérusalem), Naplouse, etc., en réponse à l'appel du Sultan[196].

Mais cette attitude favorable aux Ottomans change en 1915 après la répression des Ottomans qui s'abat sur les Arabes :

---

[195] - « Al-hadatha fi-l Quds al-uthmaniyya : Al-Mudakkirat al-Jawhariyya : 1904-1917 » (Etude sur les Mémoires de Waçif Jawahiriyya, chrétien orthodoxe habitant Al-Quds – Jérusalem -), de Salim Tamary, Majallat ad-dirasat al-filastiniyya, n° 44, automne 2000, p. 969-996, p. 92.
Des récits identiques sont rapportés par d'autres contemporains, tel Khalil As-Sakakiny (1878 AlQuds - 1953 Le Caire) dont les mémoires sont cités dans : Da'ir, Masadir addiraçat aladabiyya, Beyrouth, Jam'iyyat ahl alqalam, 1956. Khalil As-Sakakini est écrivain et enseignant. Il rejoint les nationalistes de la Révolte arabe dont il écrit l'hymne.
[196] - Ta'rikh Filastin fi awakhir al'ahd al'uthmani, 1700-1918 : qira'ah jadidah (Histoire de la Palestine : lecture nouvelle), 'Adil Manna', 1999, 358 p., Beyrouth (Mu'assasat ad-dirasat al-filastiniyya), p. 260-261.

+De nombreux militaires arabes, des militants d'« Al-Lamarqaziyya » (Parti ottoman pour la Décentralisation) sont arrêtés et dont une dizaine sont exécutés le 21 août 1915 sur la place d'Al-Borj à Beyrouth, devenue plus tard la Place des Martyrs)[197].
+Le 6 mai 1916, une vingtaine de nationalistes arabes, dont des Palestiniens, sont exécutés à Beyrouth et à Damas[198].
+Les officiers arabes de l'armée ottomane sont mutés hors des provinces arabes.
+En mars et en avril 1916, 300 familles de Grande-Syrie (Syrie, Palestine, Jordanie, Liban) sont exilées vers des villes d'Anatolie dans le but d'affaiblir le mouvement nationaliste arabe et de pouvoir turquiser les populations[199].
+Après l'annonce, en juin 1916, de la Révolte arabe contre les Ottomans, la répression s'abat sur ceux qui la soutiennent. Des centaines de notables arabes sont condamnés à la prison ou exilés hors des provinces arabes[200].

Cependant, les élites politiques en Palestine restent, en majorité, pro-ottomanes durant la guerre.

---

197 - « Histoire de la Palestine : lecture nouvelle », o.c. p. 262.
198 - Ibid.
199 - Il s'agit de faire disparaître les marques de la langue et de la personnalité arabes.
Le gouvernement ottoman exile les Arméniens dans les provinces arabes et les Arabes dans les régions vidées des Arméniens.
Cette politique préfigurait déjà ce que devait être, selon les Ottomans, la future répartition des populations après la guerre. Voir : Amine Saïd, Athawra al'arabyaa alkubra (La Grande Révolte arabe), Le Caire (éd. Madbouly), sans date, 3 tomes, tome 1, p. 78.
200 - Ahmad ʿArif Al-Husayni (1873-1917), mufti de Ghazza jusqu'en 1912, puis député au parlement ottoman, est assigné à résidence dans sa ville. En novembre 1916, il est exilé en Anatolie. Il s'enfuit avec son fils Mustafa vers l'Egypte, mais ils sont arrêtés. Ahmad est condamné et pendu, son fils (officier de l'armée ottomane) est fusillé.
Ali Ridha Al-Jama'y, membre de l'association ʿAl-ʿAhd, et Choukry Al-Huseyny (1862-1916), un des fondateurs de l'« Association de la fraternité arabo-ottomane », meurent avant la fin de leur peine d'emprisonnement. Voir : « Histoire de la Palestine : lecture nouvelle », o.c. p. 263.

Et les Palestiniens comprendront vite après l'arrivée des Anglais en Palestine, que la politique de ces derniers est dangereuse.

Les Palestiniens subissent durement les affres de la guerre. Une invasion de criquets (1915-1916), le choléra, le typhus et la typhoïde provoquent des milliers de morts en Palestine[201].
Et tout ceci se termine en novembre 1917 par la Déclaration Balfour, qui donne aux juifs le droit à un foyer national en Palestine.

2- La résistance contre le sionisme pendant la guerre

Alors que Britanniques et sionistes discutent en secret l'avenir de la Palestine, une action est envisagée par des Palestiniens contre les sionistes installés en Palestine.
Selon des documents saisis par les Autorités ottomanes en 1915, il aurait existé un plan pour en finir avec les sionistes, en expulsant les colons de Palestine et en mettant le feu à leurs colonies[202].

Nonobstant la guerre, les Palestiniens n'oublient pas le danger sioniste et la nécessité de le combattre.
D'autant plus que l'achat de terres et la création de colonies n'a pas cessé[203].

---

201 - « Histoire de la Palestine : lecture nouvelle », o.c. p. 259.
202 - « Dawr assahafa al-'arabiyya fi muqawamat as-sahyuniyya (1897-1914) » (Le rôle de la presse arabe dans la résistance contre le sionisme), Docteur Ismaïl Ahmad Yaghi, Revue d'Histoire maghrébine, Tunis, num. 57-58, juillet 1990, pp. 523-561, p. 558.
203 - Sacher (ed.), Zionism and the Future of the Jewss, London, 1916. Cité dans Docteur Khayriyya Qasmiyya, « AlMuqâwama al'arabiyya lisahyunuiyya awakhir al'ahd al'uthmani 1908-1917 - alittijahat arraïsiyya » (« La résistance arabe au sionisme »), Revue d'Histoire Maghrébine, Tunis, numéros 29-30, 1983, p. 373-394, p. 390. En 1916, Rafiq Tamimi et Muhammad Bahjat chargés d'établir le cadastre de Beyrouth réservent dans la deuxième partie de leur rapport un chapitre sur le mouvement sioniste et la vie dans la colonie de Malbas (Batah Takfa).
Les deux auteurs considèrent les colons comme arrogants, Ibid, p. 390-391.

La presse égyptienne relate en pleine guerre la question sioniste et l'avenir de la Palestine[204].

L'Angleterre qui négociait avec les sionistes n'ignorait pas la nature des sentiments arabes envers la Palestine.

Dans ce contexte, un article « Nous et nos ennemis » paraît à la Mekke, le 18 août 1916.

Cet article est publié dans la revue « Al-Qibla », dont le rédacteur en chef est Muhibouddin al-Khatib.

L'auteur, à travers son attaque contre les Ottomans et l'emprise des Allemands sur l'Etat ottoman, parle de la Palestine, qui est tombée entre les mains allemandes après être tombée entre celles des sionistes. Ceux-ci ont occupé la Palestine, parcelle après parcelle, village après village et j'ai pleuré mon peuple, dit l'auteur, avec des larmes de sang.

Cet article inquiète les Anglais, dont Mark Sykes, conseiller aux Affaires orientales dans le gouvernement britannique.

Le directeur des Renseignements militaires britanniques écrit à Clayton, chef du Bureau Arabe anglais du Caire, le 21 nov.1916, en lui demandant d'intervenir auprès de ses amis arabes et auprès du Chérif Hussayn, pour les dissuader de s'engager sur la voie de Muhibouddin al-Khatib. Car cela «influencerait les forces neutres pour l'instant, et si cela arrivait ce serait suffisant pour briser des espoirs »[205].

Le «Bureau Arabe», suite à l'article d'« Al-Qibla », regroupe des informations sur la résistance au sionisme. Des Anglais qui ont travaillé ou visité la région avant la guerre, avaient déjà attiré l'attention des politiques anglais sur les droits des Palestiniens qu'il ne fallait

---

204 - « La résistance arabe au sionisme », o.c. p. 392.
205 - Ibid, p. 392-393.

pas ignorer, en ajoutant que la concrétisation du projet sioniste était impossible. Parmi ces Anglais, on cite le cas de Masterman.
Celui-ci a travaillé avant la guerre, au «Palestine Exploration Fund Society» (Fonds d'Exploration de la Palestine, créé par les Anglais en 1865)[206].

Mais c'est l'école de Mark Sykes qui inspire la politique orientale de l'Angleterre, et cette école est pro-sioniste.
Sykes visite l'Orient au printemps 1917 pour s'assurer de l'acceptation de la politique anglaise par les Arabes et pour préparer un environnement favorable à l'établissement de relations arabo-juives.
Sykes déclare à des Syriens en Egypte :

«Le plus que demandent les sionistes est la constitution d'une Palestine sur la base du «millet»[207] et qu'ils bénéficient comme les autres religions d'une autonomie».
La réponse des Syriens était :

«Lles Arabes, musulmans et chrétiens sont prêts à résister jusqu'au dernier homme, à l'établissement d'un pouvoir juif sur la Palestine»[208].

Sykes ne discute pas de la Palestine dans sa rencontre avec Hussayn à Jaddah (dans la Presqu'île arabique) en mai 1917[209].
Et quand la Déclaration Balfour (pour un foyer natio-

---

[206] - Charles Masterman, intellectuel et homme politique britannique (1873-1927. Membre du Parti libéral, il travaille étroitement avec les leaders libéraux David Lloyd George et Winston Churchill. Durant la Première Guerre mondiale, il joue un rôle central au Bureau de la Propagande de Guerre, principale agence de propagande gouvernementale. Charles Masterman témoigne de son expérience personnelle en Palestine.
[207] - Le terme turc « millet » désigne une communauté religieuse protégée légalement.
[208] - « La résistance arabe au sionisme », o.c., p. 393-394. Message de Sykes aux Affaires étrangères britanniques, le 3 avril 1917 (F.O. 371/3055/88954/84173 F).
[209] - « La résistance arabe au sionisme », o.c. p. 393-394.

nal pour les juifs en Palestine) est annoncée en novembre 1917, les Arabes étaient déjà alliés avec l'Angleterre, le pays même qui est à l'origine de cette Déclaration.

Malgré ses succès l'armée ottomane commence à perdre le moral.
Les nouvelles de l'avancée des forces de la Révolte arabe en direction d'Aqaba, sur la mer rouge, arrivent en Palestine et c'est ainsi qu'un grand nombre de soldats désertent l'armée ottomane pour rejoindre la Révolte[210].

Les troupes anglaises entrent à Jérusalem le 11 décembre 1917, un mois seulement après l'annonce de la Déclaration Balfour.

3- Les sionistes, la Palestine et la guerre

Le rêve anglais d'occuper la Palestine se précise et les espoirs sionistes augmentent.

Des promesses anglaises sur la Palestine avaient été faites en même temps aux sionistes et aux Arabes à condition que les uns et les autres s'engagent du côté des Alliés contre les Ottomans.
Comment alors satisfaire deux parties antagoniques à la fin de la guerre ? Il fallait pour cela la longue tradition colonialiste anglaise de la double diplomatie.

Durant la guerre, l'OSM (Organisation sioniste mondiale)[211] transfère en déc. 1914 son siège de Berlin à Copenhague au Danemark, pays neutre.
Différentes positions s'affrontaient chez les sionistes quant à l'attitude à prendre vis-à-vis de la guerre.

---

210 - « Histoire de la Palestine : lecture nouvelle », o.c. p. 264.
211 - Le premier congrès constitutif de l'Organisation sioniste mondiale se réunit à Bâle en Suisse (Août 1897). Il se donne pour but la « création en Palestine d'un foyer pour le peuple juif, garanti par la loi publique ». Le leader juif Theodor Herzl dit : « à Bâle j'ai fondé l'Etat juif », in Petit Robert 2.

Aux USA, les sionistes sont neutres au cours de la plus grande partie de la guerre, alors qu'en Angleterre, ils se déclarent pour les Alliés dès le début de la guerre[212].

Dès l'entrée des Ottomans dans le conflit, les sionistes parient sur les Anglais, en pensant que l'avenir des provinces arabes, dont la Palestine, dépendra principalement de l'Angleterre[213].
En effet, celle-ci est le pays colonial le plus puissant à l'époque, et le plus à même de répondre aux prétentions sionistes.

Les sionistes ont déjà eu des contacts avec le Premier ministre anglais Arthur Balfour (futur ministre des Affaires étrangères et auteur de la Déclaration qui porte son nom), et le ministre juif Herbert Samuel.

Selon l'Organisation sioniste mondiale, il y eut, au début de la guerre, une bonne compréhension à caractère officieux entre les sionistes et les hommes d'Etat anglais. Et cela porta ses fruits quand Lloyd George devint Premier ministre et Arthur Balfour ministre des Affaires étrangères[214].

---

212 - Naissance du sionisme politique présenté par Yohanan Manor, Paris, 1981, 278 p., p. 196-197.
213 - J.M.N. Jeffries : The reality (préface de l'auteur datée de fin 1938) traduit à l'arabe sous le titre : Filastin ilaykom alhaqiqa, par Ahmad Khalil AlHadj, Le Caire (AlHay'a almisriya al'amma li-ta'lif walnachr) : tome 1 (1971, 313 p.), tome 2 (1972, 257 p.), tome 3 (1973, 187 p.), tome 4 (1973, 205 p.) tome 1, p. 152.
214 - Jeffries, tome 1, o.c. 215. Selon Dugdale, nièce d'Arthur Balfour et auteur de la « Vie de Balfour » : Jusqu'en 1915, les sionistes n'ont pas leurs entrées dans les bureaux du gouvernement anglais, et ils se réunissent de temps à autre avec différents ministres anglais dans leur domicile, Jeffries, tome 1, o.c. p. 163. En 1916, toujours selon Dugdale, Weizmann et Sokolov pouvaient correspondre avec les autres sionistes hors d'Angleterre, par l'intermédiaire du système de correspondance chiffrée du ministère anglais des Affaires étrangères, Jeffries, tome 1, o.c. p. 220. Selon le Premier ministre anglais Asquith, les ministres Lloyd George et Milner défendaient le projet sioniste lorsqu'ils étaient ministres de son cabinet. Voir : La Déclaration Balfour, 1917 : Création d'un foyer national juif en Palestine présentée par Renée Neher-Bernheim, Paris,

A Manchester, le sioniste Weizmann et le journaliste anglais Scott du «Manchester Guardian»,(dont la majorité de la rédaction du journal est sioniste), animent un groupe d'écrivains sionistes[215].

Dans «La défense de l'Egypte», article signé d'Herbert Sabdioumtham et paru dans le 'Manchester Guardian' de novembre 1915, on peut lire :

« Il faut prendre Ghazza par la côte et pénétrer vers l'intérieur de la Palestine.
Et, pour protéger l'Egypte, il faut créer une « Palestine nouvelle », et cette Palestine, en s'alliant avec la grande puissance anglaise ne sera pas seulement une protection pour l'Egypte, mais une nation qui se développera par elle-même et qui sera plus forte que la Palestine ancienne »[216].

En septembre 1914, à la veille de leur entrée en guerre du côté des Allemands (5 nov. 1914), les Ottomans abolissent les « Capitulations » qui protégeaient les étrangers résidants en Palestine et demandent à ceux-ci de choisir entre la nationalité ottomane et le départ. Ils expulsent ceux qui refusent la nationalité ottomane[217].

Les Ottomans considèrent les juifs de Russie, (l'immigration la plus massive en Palestine), comme des citoyens originaires d'un Etat avec lequel ils sont en guerre.

1969, 473 p., p. 218. En 1915 Lloyd George fonde le ministère des Munitions, il est ministre de la guerre en 1916 puis Premier-ministre. Milner est ministre dans le cabinet restreint.
215 - Jeffries, tome 1, o.c. 165.
216 - Selon Dr. As'ad Razzouq. Voir : Wathaïq Filastin: Mi'atan wa thamanuna wathiqa mukhtara 1839-1987 (Documents sur la Palestine : 280 documents choisis, 1839-1987), Daïrat ath-thaqafa (O.L.P.), 1987, 486 p., p. 82. Documents, Paris, Institut du Monde Arabe.
217 - « Histoire de la Palestine : lecture nouvelle », o.c. p. 260 (selon Sabri Bahjat, Filastin khilal al-harb al-'alamiyya wa ma ba-'daha : 1914-1920, Al-Quds, 1982, p. 76-77).

Toutes les organisations sionistes sont dissoutes[218].
Ces expulsions ont failli mettre en péril le plan sioniste d'occupation de la Palestine, le nombre de juifs étant passé entre 1914 et 1918 de 85.000 à 56.000[219].

Les juifs qui restent en Palestine ne subissent pas les mêmes difficultés que les Palestiniens.
Ils reçoivent l'appui des juifs ottomans et des juifs de l'étranger[220].
L'Organisation sioniste reconnaît que les consulats allemands, espagnols et américains ont aidé les juifs en Palestine pendant la guerre. Les fonctionnaires allemands, ainsi que la délégation militaire allemande à Istanbul ont reçu des instructions de Berlin, allié des Ottomans, pour protéger les intérêts sionistes[221].

---

218 - De nombreux chefs sionistes, dont David Ben-Gourion et Isaaq Ben-Zafi sont exilés. En 1915, une réunion secrète tenue par la branche de l'association sioniste de Yâfâ (Jaffa) est découverte ; plusieurs membres de l'association sont expulsés de la ville. A cette occasion, les habitants de Yâfâ envoient un télégramme au Sultan dans lequel ils dénoncent les dangers du sionisme, « Dawr assahafa al-'arabiyya fi muqawamat as-sahyuniyya (1897-1914) » (Le rôle de la presse arabe dans la résistance contre le sionisme), Docteur Ismaïl Ahmad Yaghi, Revue d'Histoire maghrébine, Tunis, num. 57-58, juillet 1990, pp. 523-561, p. 559 (Selon 'Adal Ghanim, Mawqif 'Arab Filastin min al yahoud wa as-sahyuniyya wa min al harb al 'a-lamiyya al awla hata idtirâbât al burâq (Positions des Palestiniens à propos des juifs, des sionistes, depuis la guerre 1914-1918, etc.), 1929, 215 p.
219 - « Histoire de la Palestine : lecture nouvelle », o.c. p. 260.
220 - Docteur Khayriyya Qasmiyya, « La résistance arabe au sionisme », o.c. p. 390. Selon Weltmann, S., Germany, « Turkey and the Zionist Movement 1914-1918 », in The Review of polities, vol 23, 1961. Selon également Aaronson, A., With the Turks in Palestine, London, 1917.
Voir également : Correspondances des Affaires étrangères britanniques à propos de la situation des juifs pendant cette période, F.O. 371/3055.
221 - Jeffries, o.c. p. 188-189.
Des services importants sont rendus par le consulat allemand aux sionistes à Istanbul : usage du télex, informations, etc., voir : The attitude of the ottoman empire toward the zionist movement 1897-1909, Hassan Ali HALLAK, Beyrouth, 1980 (en arabe), 425 p., p. 230-232. Après le congrès de Londres de 1907, (réunion de tous les Européens à l'exception de l'Allemagne, voir : Chapitre_1), les sionistes ne rompent pas leurs relations avec les Allemands.

De son côté, l'ambassade des USA à Istanbul agit dès l'automne 1914, pour venir en aide aux juifs de Palestine. Des fonds sont levés par les sionistes américains réunis en congrès en 1914.
A la demande des Américains, la France et l'Angleterre suspendent le blocus des côtes ottomanes pour permettre à un navire de guerre américain d'apporter des fonds et du ravitaillement à Yâfâ (Jaffa) pour le bénéfice exclusif des juifs.

Une telle entorse au blocus ne sera pas admise quand il s'agira de venir en aide aux populations libanaises, victimes de famines[222].

Fin du chapitre_11

Du temps de Theodor Herzl (1860-1904), les sionistes avaient des relations avec les autorités allemandes. Ils avaient demandé l'appui de celles-ci pour intervenir en leur faveur auprès du sultan ottoman Abdul-Hamid II (1876 à 1909).
222 - Ce congrès, qui a réuni l'ensemble des tendances américaines du mouvement sioniste, désigne un comité exécutif à la tête duquel le juge Brandeis est nommé président, voir : Henry Laurens, La question de Palestine, Paris, Fayard, 1999, tome 1 : 1799-1922, 719 p., p. 325-326.

Les Accords Sykes-Picot, restés secrets jusque-là, sont révélés publiquement par les Bolcheviques

Chapitre_12

Révélations publiques des Accords Sykes-Picot

§§§

1-Les Anglais et les Français lèvent petit à petit le voile sur les Accords Sykes-Picot. Révélations aux Arabes
2- Les Bolcheviques révèlent publiquement (nov.17) les Accords Sykes-Picot restés jusque-là secrets
3- Après la révélation des Accords Sykes-Picot, les Ottomans et les Arabes cherchent des issues
Les sionistes sont mis au courant de ces Accords

@@@

1- Anglais et Français lèvent petit à petit le voile sur les Accords Sykes-Picot. Révélations aux Arabes.

Alors que les Accords Sykes-Picot ne sont pas encore connus des Arabes, Français et Anglais préparent leur application.
Ils lancent des ballons d'essai, pour tester les Arabes sur l'avenir des provinces arabes de l'Empire ottoman.

C'est ainsi que Picot et Sykes arrivent mi-avril 1917 au Caire. Rappelons que l'Egypte est occupée par les Anglais depuis 1882 et que nous sommes toujours en pleine guerre.
Picot fait un discours aux Libanais à l'hôtel «Chabrad» du Caire dans lequel il annonce que les Alliés ont désigné la France en tant que protectrice du Liban. Ce qui était contraire aux Accords Hussayn-MacMahon signés entre les Arabes et les Anglais.
Le discours de Picot crée des inquiétudes, chez les Libanais et les Syriens d'Egypte.

Sykes rencontre une première fois le Chérif Hussayn à Djaddah (ville du Hidjaz) en mai 1917. Il rencontre une deuxième fois Hussayn et l'Emir Fayçal, son fils, en présence de Georges Picot.

L'intervention des deux responsables français et anglais consiste à dévoiler à Hussayn leurs vraies intentions, car les accords que les Anglais avaient passés avec le Chérif Hussayn sont restés flous à dessein.

L'outrage fait à Hussayn est grand.
En effet, comment discuter avec le Chérif l'avenir des provinces arabes alors que le 3 janvier 1917 les Français et les Anglais n'ont reconnu à Hussayn que le titre de Roi du Hidjaz et non celui de Roi des Arabes[223].

Du côté français, Ben Ghabrit membre de la Mission française au Hidjaz (septembre 1916) est le premier à prévenir les Français des problèmes qu'ils auront en Syrie (pays qu'ils convoitent) car la Révolte arabe se renforce de plus en plus avec le déroulement de la guerre[224].
Dans un rapport du 2 décembre 1916, Ben Ghabrit révèle que pour Hussayn l'indépendance des Arabes ne se limite pas seulement au Hidjaz mais concerne aussi les provinces arabes. Il déclare aussi qu'un désaccord avec Hussayn rendra difficile la présence française en Syrie.

Ben Ghabrit conclut en signalant qu'il faut négocier avec Hussayn et continuer à l'aider matériellement, sinon il chercherait une entente avec les Ottomans[225].

§§§

---

223 - Amine Saïd, Athawra al'arabyaa alkubra (La Grande révolte arabe), Le Caire (éd. Madbouly), sans date, 3 tomes, tome 1, p. 294-296. Le 03 décembre 1916, Hussayn qui était jusque-là Chérif et Gouverneur de la Mekke, est proclamé « Roi des Arabes » dans la mosquée de la Mekke. Le 3 janvier 1917, l'Angleterre et la France ne reconnaissent à Hussayn que le titre de « Roi du Hidjaz ».
224 - Kaddour Ben Ghabrit est le porte-parole du gouvernement de la République française pour le représenter auprès du Chérif de la Mekke.
225 - Amine Saïd, o.c. tome 1, p. 294-296.

2- En novembre 1917, les Bolcheviques révèlent publiquement les Accords Sykes-Picot restés secrets jusque-là

Ainsi, le Chérif Hussayn n'est pas au courant des Accords Sykes-Picot signés entre les Anglais et les Français quasiment en même temps que les Accords Hussayn-MacMahon entre les Anglais et les Arabes.

Les Anglais ont passé des accords, d'une part avec les Arabes, et d'autre part avec les Français, et en plus, il y a des discussions de ces mêmes Anglais avec les sionistes.
Certaines personnes sont au courant d'une partie de ces différents accords et très peu de personnes sont au courant de l'ensemble. Ainsi les Arabes ne sont pas au courant des Accords Sykes-Picot et les sionistes ne sont au courant ni des Accords Hussayn-MacMahon ni des Accords Sykes-Picot.

Coup de théâtre : les Bolcheviques révèlent en nov. 1917 les traités secrets qui faisaient partie des archives de la diplomatie tsariste. Les journaux «Isvestia» et «Pravda» publient le texte complet des Accords Sykes-Picot dans leurs numéros du 23 nov. 1917[226].

Hussayn est atterré par la révélation des Accords Sykes-Picot qui sont en contradiction avec les Accords qu'il a signés avec MacMahon. Il est également troublé par la Déclaration Balfour dont il n'a pris connaissance qu'à sa publication.
Lorsque Hussayn demande des explications aux Anglais, le ministre anglais des Affaires étrangères, Ar-

---

[226] - Le correspondant anglais du «Manchester Guardian» à Petrograd envoie au journal un résumé des accords, qui sera publié dans les numéros des 26 et 28 novembre.
Et le texte complet, traduction anglaise à partir du russe, parut dans la livraison du 12 décembre 1917, quelques semaines après la Déclaration Balfour (2 nov.1917), voir : Déclaration Balfour, 1917 : Création d'un foyer national juif en Palestine présentée par Renée Neher-Bernheim, Paris, 1969, 473 p., p. 164.

thur Balfour, répond que les papiers trouvés à Petrograd par les Bolcheviques ne sont que des épreuves, de plus, rédigées avant les accords Hussayn-MacMahon[227].

Selon Lawrence d'Arabie, les Anglais et les Français, lors de la mise au point des Accords Sykes-Picot, ont sous-estimé l'importance de la Révolte arabe contre les Ottomans[228]. Lawrence, lui, sait que les promesses anglaises faites aux Arabes ne seront pas tenues, mais il fait le mort[229].

Après la découverte des Accords Sykes-Picot, des officiers de la Révolte arabe se rendent compte que Lawrence et les Anglais ont trahi les Arabes.
La contrariété des Arabes a failli remettre en cause les accords entre les Arabes et les Anglais, au point où Fayçal écrivit à son père : « Je ne peux pas poursuivre le combat dans ces conditions »[230].

---

227 - Yaqdhat Al-'Arab (Le réveil arabe), Georges Antonius, Beyrouth, 1987, 653 p., p. 362-363. L'original de l'ouvrage en anglais (The Arab Awakening, Lippincott, Philadelphie, USA, 1939) est traduit à l'arabe par Nasr ad-Din Al Asad et Ihsan 'Abbas sous le titre (Yaqdhat Al-'Arab : Ta'rikh harakat al'Arab alqawmiyya, Beyrouth, Dar al'ilm lil malayin).
228 - T.E. Lawrence, Les Sept Piliers de la Sagesse, Paris, 1958, 825 p., p.167.
229 - Les Sept Piliers de la Sagesse, o.c. p. 266-267.
Voici ce qu'écrit Lawrence, alors qu'il était au Caire, en apprenant les accords secrets Sykes-Picot : « Je n'étais pas inattentif, j'ai pu voir que nos promesses aux Arabes, après la fin de la guerre, ne seraient que simple encre sur du papier. Si j'étais un conseiller honnête pour les Arabes j'aurais conseillé leurs combattants de rentrer chez eux afin de ne pas exposer leur vie au danger pour des promesses britanniques creuses. Je leur assurais que l'Angleterre respectera ses promesses mais je sentais toujours de l'amertume et de la honte », voir : Wathaïq Filastin : mi'atan wa thamanuna wathiqa mukhtara 1839-1987 (Documents sur la Palestine : 280 documents choisis : 1839-1987), Daïrat ath-thaqafa (O.L.P.), 1987, 486 p., p. 73-74 (selon le livre : Lawrence of Arabia, par Antony Nutting). Documents, Paris, Institut du Monde Arabe.
230 - J.M.N. Jeffries : The reality (préface de l'auteur datée de fin 1938) traduit de l'anglais à l'arabe sous le titre : Filastin ilaykom al haqiqa, par Ahmad Khalil Al-Hadj, Le Caire (Al Hay'a al misriya al 'amma li-ta'lif wal-nachr), tome 1 (1971, 313 p.), tome 2 (1972, 257 p.), tome 3 (1973, 187 p.), tome 4 (1973, 205 p.), tome 2, p.

Les Anglais vont jusqu'à dire qu'Abdallah (fils de Hussayn), influencé par les officiers de la Révolte arabe, avait montré « une certaine répugnance à entreprendre des opérations de quelque importance contre la voie ferrée »[231].

Les Anglais essayent de calmer Hussayn, d'où le message (4 janvier 1918) de Hoggarth, un des dirigeants du « Bureau Arabe » du Caire, sur l'avenir de la nation arabe et de la Palestine.
David George Hoggarth se rend à Djaddah en janvier 1918 avec la mission d'assurer Hussayn que la «Déclaration Balfour» ne portera pas atteinte aux promesses faites aux Arabes lors des Accords Hussayn-Mac-Mahon.

On notera dans le message de Hoggarth les belles paroles anglaises :
+Pour les Arabes, une vague possibilité de reconstitution de la nation arabe ;
+Pour les sionistes, un engagement ferme du gouvernement de Sa Majesté[232].

20-21. Jeffries est un journaliste anglais. Les sionistes, aidés par des hommes d'État anglais, américains et autres colonialistes, font tout pour empêcher la diffusion de ce livre. Ils en achètent de nombreux exemplaires pour les brûler. Ceci ne suffit pas. Les sionistes se rendent dans les librairies anglaises, américaines et françaises pour dissuader leurs propriétaires de vendre l'ouvrage. Le ministère anglais, quant à lui, fait pression sur l'auteur pour ne pas éditer le livre (on est en 1939) prétextant qu'il fallait unir les peuples d'Europe, au lieu de mettre à nu les agissements de l'Angleterre en Palestine.

231 - Il s'agit du chemin de fer du Hidjaz qu'il fallait saboter pour empêcher le transport des troupes ottomanes.
Voir : Suleiman Moussa, Songe et mensonge de Lawrence (Cet ouvrage est traduit de l'anglais par Hélène Houssemaine et précédé de «Lawrence vu par les Arabes» par Vincent Monteil), Paris, Sindbad), 1973, 355 p., p.185-186. L'édition originale arabe est de 1962.

232 - Message de Hoggarth (4 janvier 1918) :
« Les puissances de l'Entente ont décidé que le peuple arabe recevra la possibilité pleine et entière de se reconstituer en tant que nation, ce qui ne peut être obtenu que par une unification réalisée par les Arabes eux-mêmes ;
La politique de l'Angleterre et de la France aura en vue la poursuite de ce but ».

Selon T.E. Lawrence, l'Angleterre, embarrassée, niera jusqu'à l'existence des Accords Sykes-Picot[233].

Mais Hussayn et ceux qui soutiennent la Révolte arabe

« En ce qui concerne la Palestine, nous ne voulons pas qu'un peuple soit le vassal d'un autre, mais :
–a) il doit y avoir un régime spécial et approuvé par le monde entier pour administrer les Lieux Saints (...). Ceci d'autant plus que ces lieux concernent de grandes masses humaines en dehors de la Palestine et de l'Arabie ;
-b) en ce qui concerne la mosquée d'Omar, elle sera considérée comme d'intérêt uniquement musulman et ne sera soumise, ni directement ni indirectement à aucune autorité non musulmane ».
« Puisque l'opinion juive dans le monde est favorable à un retour des juifs en Palestine, que cette opinion restera un facteur permanent, et que le gouvernement de Sa Majesté envisage favorablement la réalisation de cette aspiration, le gouvernement de Sa Majesté est décidé à ce qu'aucun obstacle ne soit placé sur la route menant à la réalisation de cet idéal dans la mesure où cela est compatible avec la liberté à la fois politique et économique de la population actuelle ».
« Dans cette perspective, la sympathie du judaïsme mondial à la cause arabe signifie de la soutenir partout où les juifs ont une influence politique.
Les dirigeants du mouvement sioniste sont résolus à fonder le succès du sionisme sur l'amitié et la coopération avec les Arabes, et une telle proposition ne doit pas être rejetée à la légère ».
Fin du Message de Hoggarth. Voir : Déclaration Balfour, o.c. p. 346-347.

233 - « L'Angleterre, devant tous les ennuis que lui causa ce malheureux traité, finit par en nier jusqu'à l'existence.
Quatre jours seulement après sa publication par les Turcs, le Foreign Office recommanda à Sir Reginald Wingate, Haut-commissaire en Egypte, de « conduire immédiatement une politique opportuniste »- en somme de tergiverser-, et cela dès le 28 novembre 1917. Le ministre des Affaires étrangères, Lord Balfour, autorisa son représentant à Jedda (ville de la Presqu'île arabique) à remettre au chérif Hussayn un « chef-d'œuvre de faux-fuyants, de déformations, d'omissions et de mensonges », conforme à un brouillon établi par Wingate :«J'ai demandé à notre agent de dire que les «bolcheviks ont trouvé à Petrograd l'enregistrement d'anciens entretiens et d'un accord provisoire [pas vraiment un traité] entre la Grande-Bretagne, des populations indigènes et la sauvegarde de leurs intérêts, et il a ignoré le fait [nouveau] que la révolte réussie par les Arabes et le retrait de la Russie ont... créé une situation entièrement différente ». J'ajoute « qu'en pratique nous considérons le traité comme nul et non avenu ».
Voir : Lawrence d'Arabie, le Lévrier fatal 1888-1935, par Vincent-Mansour MONTEIL, Paris, Hachette, 1987,331 p., p. 94-95.

ne sont pas crédibles lorsqu'ils se disent surpris par la révélation des Accords Sykes-Picot.

Car Chakib Arslan, après le Congrès arabe de Paris (1913), attire l'attention sur le fait que des accords visent à découper l'Empire ottoman et à répartir ses provinces arabes entre les Anglais et les Français, accords, dont certains, ne sont pas complètement publiés[234].
De plus, ni le Maghreb, ni l'Egypte (déjà occupés, par la France, pour le premier, et par l'Angleterre pour la seconde) ne sont dans le programme de la Révolte de Hussayn et du Mouvement arabe.
Déjà, dans la Presqu'île arabique : le sud Yémen, Mascate, et les Emirats du littoral dont le Koweït, sont laissés sous la coupe des Britanniques.

Pour les Anglais, Hussayn n'est qu'un jouet.

3- Après la révélation des Accords Sykes-Picot, Arabes et Ottomans cherchent des issues

Rappelons que l'issue de la guerre 1914-1918 est toujours incertaine.

Après la révélation des Accords Sykes-Picot, les Ottomans font des propositions aux Arabes en leur faisant

---

[234] - Le Congrès arabe de Paris (1913) : L'association « Al Jam'iyya al 'Arabiyya al Fatat » (Association des Jeunes Arabes), association secrète créée à Paris en 1911 par des étudiants arabes, organise le premier congrès arabe à Paris du 18 au 23 juin 1913.
L'idée est de faire connaitre la cause arabe à l'étranger.
Les organisateurs du congrès de Paris voulaient montrer aux étrangers que les Arabes n'acceptent aucune occupation, quelle qu'elle soit et demandent à l'Etat ottoman d'appliquer dans les provinces arabes les réformes de décentralisation promises.
Voir : Al Majallat at-ta'rikhiyya al 'arabiyya lid-dirasat al 'Othmaniyya (Revue arabe d'histoire et d'études ottomanes), num. 3-4, déc. 1991, p. 173-187, p.182.
Chakib Arslan a occupé plusieurs charges de haut-fonctionnaire. Elu député du Houran au parlement ottoman jusqu'en 1918. Il y défend la nécessité d'une union entre Turcs et Arabes. Il a un différent avec Djemal Bacha (gouverneur de Damas) dont il dénonce la politique répressive qui entraine la haine entre Turcs et Arabes.

remarquer que les Anglais les ont dupés.

Djemal Pacha[235] transmet à Fayçal, le chef militaire de la Révolte arabe contre les Ottomans, à Al-'Aqaba, le 26 novembre 1917, le contenu des Accords Sykes-Picot et lui propose le règlement d'une paix séparée. Le dirigeant ottoman signifie à Fayçal que les accords des Arabes avec les Anglais ne seront pas respectés car les Français s'empareront de la Syrie, les Anglais de l'Iraq, et la Palestine sera internationalisée.

Djemal Pacha propose l'autonomie des provinces arabes, une autonomie qui sera reconnue à la fois par les Ottomans et les Allemands[236].

---

235 - Ahmed Djemal Pacha fait partie, avec Enver Pacha et Tal'at Pacha, du «triumvirat militaire des trois Pachas» qui dirigea l'Empire ottoman de 1913 à 1918.
236 - Yaqdhat Al-'Arab (Le réveil arabe), o.c. p.358-359.
Suleiman Moussa rapporte cet épisode dans son livre : Suleiman Moussa, Songe et mensonge de Lawrence, o.c.
« Une fois les Accords Sykes-Picot révélés, Ahmed Djemal Pacha (surnommé « le Boucher ») écrivit à Fayçal et à Dja'far al-Askari pour les informer de la trahison que préparaient les Alliés, et leur proposer de traiter avec la Turquie. Fayçal envoya ces lettres au roi Hussayn, qui, à son tour, les fit parvenir au Haut Commissaire britannique en Egypte en demandant des explications. Hussayn chargea également Fayçal de rejeter la proposition turque. Le gouvernement britannique démentit officiellement l'existence de ce traité et accusa Djemal Pacha d'ignorance et de malveillance. Les Turcs firent une seconde offre de paix par l'intermédiaire de l'émir Mohammed Saïd al-Djezaïri, qui porta à Fayçal une lettre de Djemal Pacha (5 août 1918).
Les deux hommes se rencontrèrent le 20 août, et seuls Nouri Saïd, Ahmed Qadri et Faïz al-Ghussayn eurent connaissance de cet entretien.
Fayçal répondit que les Arabes exigeaient que leur statut auprès du gouvernement ottoman soit le même que celui de la Bavière avec la Prusse. Al-Djezaïri retourna à Salt rendre compte à Djemal. Ce dernier avec ses officiers d'Etat-major décidèrent de télégraphier à Istanbul pour demander à leur gouvernement de reconnaître officiellement l'indépendance arabe.
Ceci fut fait. Le gouvernement prépara un projet de loi qu'il soumit au Sultan qui y apposa son sceau. Mais c'était trop tard : la Turquie avait déjà été obligée de signer un armistice avec les Alliés après l'écrasante défaite qu'elle venait de subir en Palestine et en Syrie».
Ahmad Qadri déclare dans ses Mémoires que la publication des ac-

Conclusion, aucune suite ne sera donnée aux contacts entre les Arabes et les Ottomans.
L'armistice entre les Alliés et les Ottomans sera signé le 30 octobre 1918.

Les Anglais et les sionistes

A partir de février 1917, bien avant la révélation des «Accords Sykes-Picot», les Anglais discutent avec les juifs l'avenir de la Palestine.
Les sionistes ne sont pas tenus au courant de ces Accords par celui-là même (Sykes) qui les a cosignés avec la France et qui négociera plus tard avec les sionistes la Déclaration Balfour.

Mais comment les sionistes ont-ils réagi à la révélation des Accords Sykes-Picot par les Bolcheviques ?
Voici le point de vue de Weizmann :
«Les juifs viennent d'apprendre, fin novembre 1917 l'existence de ces Accords, alors qu'ils viennent de recevoir la « Déclaration Balfour » au début de ce même mois.
L'internationalisation de la Palestine, d'après les Accords ne correspond pas au contenu de la Déclaration (pour un foyer national juif)»[237].

Fin du Chapitre_12

---

cords Sykes-Picot avait provoqué une telle agitation parmi les officiers arabes que Fayçal se sentit obligé de négocier avec les Turcs lorsqu'ils offrirent la paix. Voir : Songe et mensonge de Lawrence, o.c. p. 209-211.
L'émir Saïd Al-Djezaïri, dont il est question ici, est le petit-fils de l'Emir Abd Al Kader (l'Algérien). L'émir Saïd était éxilé en Anatolie, car il faisait partie de la famille de l'émir Omar Al-Jazaïri (son oncle) garrotté par les Turcs à Damas le 6 mai 1916.
L'émir Saïd retourne à Damas après le rappel par Istanbul d'Ahmed Djemal Pacha, alors gouverneur de Syrie. L'émir était exilé malgré son engagement à la tête de volontaires maghrébins au début du conflit de 1914-1918 du côté des Turcs, voir : La Grande révolte arabe), o.c. tome 1, p. 307-308.
237 - Weizmann dit qu'il apprit l'existence des Accords Sykes-Picot le 16 avril 1917 par le journaliste Scott du Manchester Guardian qui avait eu cette information de Paris, voir : Weizmann Chaïm, Naissance d'Israel, Paris, 1977, 551 p., p. 237-238 et 241.

L'honneur anglais de la parole donnée aux Arabes est en jeu

Chapitre_13

La Palestine, et l'Etat arabe indépendant décrit dans les Accords Hussayn-MacMahon

L'appartenance de la Palestine à l'Etat arabe indépendant demeure toujours un sujet de discussion.

Les Anglais avancent, officiellement, que la Palestine n'a jamais fait partie d'un tel Etat arabe dans les Accords Hussayn-MacMahon.

Observons les différentes positions sur ce sujet.

Dans son mémorandum, du 11 août 1919, sur l'avenir de la Palestine, Arthur Balfour, ancien ministre des Affaies étrangères déclare :
« En ce qui concerne la Palestine, les Puissances n'ont fait aucune évaluation qui ne se soit révélée fausse et aucune déclaration politique, qu'au moins dans la lettre elles n'aient eu l'intention de violer »[238].

MacMahon, le cosignataire au nom de l'Angleterre des Accords Hussayn-MacMahon, déclare, dans une lettre adressée au Times du 23 juillet 1937 :
«C'est mon devoir de déclarer une fois pour toutes de la façon la plus formelle et la plus solennelle, que je n'ai pas eu l'intention d'inclure la Palestine dans la zone d'indépendance arabe quand je donnais des garanties au Roi Hussayn».

Cependant des documents, découverts en 1964 disent le contraire.
On peut lire dans ces documents :

« Pour ce qui concerne la Palestine, le gouvernement de sa Majesté s'est engagé à l'inclure dans les frontières de l'Indépendance arabe ».

---

238 - Roger Garaudy, Palestine, Terre des messages divins, Paris, 1986, 397 p., p. 189.

Edward Grey, le ministre anglais des Affaires étrangères, qui était en fonction au moment des Accords Hussayn-MacMahon, déclarait le 27 mars 1923 à la Chambre des Lords :

« Je suis convaincu que ce ne serait pas une conduite honorable que d'approuver nos engagements en déclarant qu'ils sont compatibles, s'ils ne le sont pas réellement.
Je suis convaincu, que la conduite la plus honorable consiste à publier nos engagements et, s'ils sont contradictoires, à l'admettre franchement, et à chercher la méthode la plus honnête pour sortir de l'impasse où nous nous sommes fourvoyés »[239].

L'écrivain libanais Gorges Antonius pense que les Anglais n'ont pas respecté les accords passés entre Hussayn et MacMahon, en particulier, en ce qui concerne l'appartenance de la Palestine au futur Etat arabe indépendant.

Dans les messages échangés entre Arabes et Anglais, à aucun moment il n'est fait mention de la Palestine, alors que dans certains messages, l'Angleterre faisait des restrictions sur la composition du futur Etat arabe, avec des précisions tellement pointilleuses, que la Palestine ne serait pas passée inaperçue :
Exemple. Les régions suivantes : la wilayat d'Adna, des parties du Bilad Achcham situées dans la partie ouest des régions de Dimachq Achcham, de Homs, de Hamma et d'Alep, doivent être exclues du territoire de l'Etat arabe.
L'Angleterre déclare que la Palestine ne relevait pas

---

[239] - Des documents secrets, découverts en 1964, par Léonard Stein à l'Université de Stanford, où ils y avaient été déposés par le Professeur William Lion Westerman, conseiller à la délégation américaine de la Conférence de Paix à Versailles, révèlent la duplicité colonialiste.
Voir : Palestine, Terre des messages divins, o.c. p. 188-189.

des Accords Hussayn-MacMahon, vu qu'elle est située dans les régions décrites ci-dessus.

S'agissant de la Syrie, l'Angleterre a joué sur les termes utilisés comme celui de « manatiq » («districts») qui ne correspond pas à «wilayat», tout ceci pour dire, qu'après la guerre la Palestine ne devait pas faire partie du monde arabe.
Car, il n'y a pas de 'Wilayat Dimachq', ni de 'Wilayat Homs', ni de 'Wilayat Hamma', ni de 'Wilayat Alep', mais il n'y a qu'une seule 'Wilayat' c'est la 'Wilayat Suriyya' (Wilayat de Syrie) avec sa capitale 'Dimachq' (Damas).

Donc, ce que les Anglais voulaient exclure des accords avec Hussayn était seulement les régions de la Syrie du Nord « réservées » à la France.

Par ailleurs, George Antonius dit que l'Angleterre a toujours refusé de publier le texte officiel de la Correspondance Hussayn-MacMahon, car cela nuirait à l'intérêt général.
Alors que le texte arabe de cette Correspondance a été publié et quiconque pouvait prendre connaissance de son contenu. Les Anglais se cachent derrière le flou pour dire que la Palestine ne fera pas partie du futur Etat arabe promis à Hussayn (sans permettre une vérification de leurs textes officiels).
De nombreux historiens et chercheurs, d'anciens ministres anglais n'ont pas réussi à faire publier la Correspondance en anglais (le livre d'Antonius est publié en 1939).

Un ancien ministre anglais parle de l'honneur anglais, de la parole donnée aux Arabes qui est en jeu, si on ne peut pas publier tous les documents et ainsi, savoir si on a trahi cette parole[240].

---

240 - Yaqdhat Al-'Arab (Le réveil arabe), Georges Antonius, Beyrouth, 1987, 653 p, p. 268. Pour la Correspondance Hussayn-MacMahon (10 messages), voir : p. 545-577 ; p. 270-273 ; p. 173. Voir : Chapitre_8.

Quant au journaliste anglais Jeffries, il pense, en s'appuyant sur la réponse de MacMahon au chérif Hussayn du 25 octobre 1915, qu'il n'y a rien qui puisse dire que la Palestine est juive ou partiellement juive.
La seule réserve dans la réponse britannique est que la région, à l'ouest de la ligne : Alep, Hamma, Homs, Damas, sera sous influence française.
Or la Palestine est au sud de cette région. Donc, conclut Jeffries, les frontières des territoires qui seront indépendants pour les Arabes contiennent la Palestine, c'est ce qu'on comprend de la lecture des accords passés entre Hussayn et Mac-Mahon»[241].

De son côté, Abdal-Wahab Al-Kayyali se base sur le mémoire du Bureau britannique de Renseignements adressé le 1er novembre 1918 au ministre des Affaires étrangères avec pour titre « Les Engagements anglais au roi Hussayn ».
Pour Al-Kayyali, ce mémoire (accompagné d'une carte) est une preuve que la Palestine devait faire partie de l'Etat arabe.
De même, ajoute Al-Kayyali, le ministre des Affaires étrangères a dit franchement au conseil des ministres du 28 novembre 1918 :
« La Palestine fait partie de la région que l'Angleterre s'est engagée à reconnaître comme arabe et indépendante à l'avenir »[242].

---

[241] - J.M.N. Jeffries : The reality (préface de l'auteur datée de fin 1938) traduit de l'anglais à l'arabe sous le titre : Filastin ilaykom al haqiqa, par Ahmad Khalil Al-Hadj, Le Caire (Al Hay'a al misriya al 'amma li-ta'lif wal-nachr), tome 1 (1971, 313 p.), tome 2 (1972, 257 p.), tome 3 (1973, 187 p.), tome 4 (1973, 205 p.), tome 1, p. 137; p.150. Jeffries est un journaliste anglais. Les sionistes, aidés par des hommes d'État anglais, américains et autres colonialistes, font tout pour empêcher la diffusion de ce livre. Ils en achètent de nombreux exemplaires pour les brûler. Ceci ne suffit pas. Les sionistes se rendent dans les librairies anglaises, américaines et françaises pour dissuader leurs propriétaires de vendre l'ouvrage.
Le ministre anglais, quant à lui, fait pression sur l'auteur pour ne pas éditer le livre (on est en 1939) prétextant qu'il fallait unir les peuples d'Europe, au lieu de mettre à nu les agissements de l'Angleterre en Palestine.
[242] - Ta'rikh Filastin Al-Hadith (Histoire nouvelle de la Palestine), Abd-al-Wahab Al-Kayyali, Beyrouth, 1985 (9 ème édition), 408 p.,

La question des frontières de la Palestine dans les accords Hussayn-MacMahon est examinée pareillement par Rachid Khalidi qui signale que cette question a été abordée en 1939 lors d'une conférence internationale à Londres[243].

Après avoir dupé les Arabes et promis la Palestine aux juifs, l'Angleterre sera mandatée le 29 sep. 1923 pour occuper ce pays.

La résistance palestinienne, qui a commencé dès les premières installations de colonies juives étrangères, à partir de 1880, ne cessera de s'organiser et de s'affermir jusqu'à nos jours. **Fin du Chapitre_13**

---

p. 76 (selon le Bureau des enregistrements généraux, CAB, 24/27).
Il existe une traduction française de ce livre : Histoire de la Palestine 1896-1940, Paris, L'Harmattan, 1985, 267 p. (traduit de l'anglais par Anne-Marie Abouelaazem).
Abd-al-Wahab Al-Kayyali est un historien palestinien, assassiné par les sionistes en 1981 à Beyrouth, il avait 42 ans.
Son « Ta'rikh Filastin Al-Hadith » est son œuvre la mieux connue du public.
L'auteur appuie son récit sur les archives diplomatiques du Foreign Office, des documents privés conservés à la Bibliothèque du Moyen Orient du St Anthony's College d'Oxford (bibliothèque fondée par Albert Hourani et Roger Owen), ainsi que sur des archives de la Haganah (Service de Renseignements sionistes) consacrées à Jérusalem.

243 - Rachid Khalidi, British Policy, towards Syria and Palestine 1906-1914 : A Study of the Antecedents of the Hussayn-MacMahon Correspondence, the Sykes-Picot Agreement and the Balfour Declaration, Ithaca Press, Londres, 1980.
Rachid Khalidi signale dans (L'identité palestinienne, Paris, La Fabrique, 2003, 402 p., p. 244) que les conclusions du Congrès sont résumées dans les documents parlementaires Cmd. 5957 : « Correspondence between Sir Henry MacMahon and the Sharif Husain of Mecca, July 1915-March 1916 », His Majesty's Stationary Office, Londres, 1939).
L'auteur renvoie également sur la question des Accords Hussayn-MacMahon à George Antonius (The Arab Awakening, Hamish Hamilton, Londres, 1938), à Elie Kedourie (In the Anglo-Arab Labyrinth, Weidenfeld et Nicolson, Londres, 1977) et à A.L. Tabawi (Anglo-Arab Relations and the Question of Palestine (1914--1921), Luzac, Londres, 1977).

La Déclaration Balfour plonge la Palestine dans le plus long et le plus douloureux conflit depuis un siècle

PARTIE_C :

La Déclaration BALFOUR (2 novembre 1917) : Création d'un foyer national juif en Palestine

A propos de la légitimité des Palestiniens, le ministre anglais des Affaires étrangères Arthur Balfour à l'origine de la Déclaration qui porte son nom, déclare dans une note du cabinet des Affaires étrangères, datée du 11 août 1919 :

« Le sionisme, qu'il soit juste ou injuste, bon ou mauvais, est enraciné dans des traditions séculaires, dans des besoins actuels et dans des espoirs futurs qui importent infiniment plus que les désirs et les préjugés des 700.000 Arabes qui habitent à présent ce pays ancien ».

Source : Rachid Khalidi, L'identité palestinienne : la construction d'une conscience nationale (traduit de l'anglais par Joëlle Marelli), Ed. La Fabrique, Paris, 2003, 402 p., p. 361 (selon J.C. Hurewitz, édition anglaise, The Middle East and North Africa in World Politics, 2 tomes, Yale University Press, New Haven, 1979, tome 2, p. 189).

§§§

Chapitre_14 : Les intérêts communs aux sionistes et aux Britanniques (p.141)
Chapitre_15 : La question de la Palestine posée au sein du gouvernement britannique pendant la guerre 1914-1918 (p.153)
Chapitre_16 : Rencontres, au plus haut niveau, des sionistes et des Européens pendant la guerre (p.162)
Chapitre_17 : L'entrée en guerre des Etats-Unis d'Amérique en 1917 (p.174)
Chapitre_18 : La Déclaration Balfour (p.182)
Chapitre_19 : Les Réactions à la Déclaration Balfour et Annexe : le « foyer national juif » (p.188)
Chapitre_20 : La Palestine livrée par les Anglais aux juifs, contrairement aux Accords Sykes-Picot et Hussayn-MacMahon.
La résistance armée palestinienne s'organise (p.202)

C.P. Scott, journaliste anglais au journal «Manchester Guardian», dit à Weizmann (leader sioniste) : «Vous savez, il y a un juif dans le gouvernement : Mr. Herbert Samuel»

Chapitre_14

Intérêts communs aux Anglais et aux sionistes

1- Rencontres entre les Anglais et les sionistes
2- Liens unissant les sionistes aux Anglais
3- Conflits internes chez les sionistes à propos de la « question nationale »

§§§

1- Rencontres entre les Anglais et les sionistes

Chaïm Weizmann[244] rencontre, en 1916, Arthur Balfour[245] (alors Premier lord de l'Amirauté), grâce au président de la Société sioniste de Manchester, Charles Dreyfus, conseiller municipal et Président du Parti conservateur de Manchester.

Weizmann insiste dans sa discussion avec Balfour sur le 'côté spirituel' du «mouvement sioniste» lui faisant remarquer que le mouvement ne pouvait survivre que grâce à une profonde conviction religieuse, exprimée en termes de politique moderne et cette conviction ne devait être fondée que sur la Palestine »[246].

La même année, lors d'une nouvelle rencontre entre Weizmann et Balfour, celui-ci annonce à Weizmann :

« ...Je crois que lorsque les hostilités cesseront, vous

---

244 - Chaim Weizmann (1874-1952) homme politique britannique puis israélien. Il participe activement à la préparation de la Déclaration Balfour.
Président de l'Organisation sioniste mondiale (1920), puis de l'Agence juive (1929). Premier président de l'État d'Israël entre 1949 et 1952.
245 - Arthur James Balfour (1848-1930), Chef du Parti conservateur, Premier lord de l'Amirauté puis ministre des Affaires étrangères pendant la Première Guerre mondiale. Célèbre par la Déclaration (pour un foyer national juif en Palestine) qui porte son nom.
246 - Weizmann Chaïm, Naissance d'Israel, Paris, 1977, 551 p., p. 135-137.

aurez des chances d'avoir votre Jérusalem »[247].

Weizmann rencontre également C.P. Scott, journaliste au journal « Manchester Guardian ».
Le journaliste, qui sympathise avec les sionistes, dit à Weizmann :
« Je voudrais faire quelque chose pour vous.
Je voudrais vous mettre en relation avec le Chancelier de l'Echiquier, Lloyd George (qui sera Premier ministre en 1916). Vous savez, il y a un juif dans le gouvernement, Herbert Samuel »[248].

La rencontre de Weizmann avec Lloyd George a lieu en décembre 1914 en présence de C.P. Scott et du ministre Herbert Samuel.
Lloyd pose beaucoup de questions à Weizmann sur la Palestine. Lors de cette rencontre Herbert Samuel annonce qu'il est en train de préparer «une note au sujet d'un Etat juif en Palestine et qu'il désirait la présenter au Premier ministre».
Je n'en croyais pas mes oreilles, dit Weizmann.

Lloyd George déclare, après son entrevue avec Weizmann :
« Quand le Dr Weizmann parlait de la Palestine, il prononçait sans cesse des noms qui me sont plus familiers que ceux du front de l'Ouest »[249].

Weizmann rencontre à la même époque Lord Bertie, ambassadeur d'Angleterre en France.

---

247 - Weizmann déclare que Balfour l'invita chez lui « où nous eûmes, un très long entretien qui dura plusieurs heures », Naissance d'Israel, o.c. p. 183.
248 - Naissance d'Israel, o.c. p. 179.
249 - En novembre 1914, débutent les premières discussions entre Herbert Samuel et Edward Grey (tous deux ministres) sur l'avenir de la Palestine, en cas de défaite turque.
Et en décembre de la même année, a lieu la première rencontre entre Herbert Samuel et Chaïm Weizmann. En janvier 1915, Herbert Samuel adresse son mémorandum sur la Palestine au Premier ministre Asquith. Le mémorandum est un véritable plan d'occupation de la Palestine.
Voir : Weizmann Chaïm, Naissance d'Israel, o.c. p.180-183.

L'ambassadeur anglais rapporte, dans ses Mémoires du 25 janvier 1915, que Weizmann lui expose un projet concernant la Palestine.
Le projet sioniste consiste à faire de la Palestine un Etat juif sous la protection de l'Angleterre, de la France ou de la Russie avec une préférence pour l'Angleterre.

Selon Weizmann, Bertie considérait le projet sioniste comme un projet absurde[250].

2- Liens unissant les Anglais aux sionistes

Weizmann refuse de dire que la Déclaration Balfour était une récompense pour service rendu par le sionisme à l'Empire britannique.

Pour lui, les raisons qui poussent les Anglais à aider l'installation d'un foyer juif en Palestine, se trouvent ailleurs.
Il y a, dit-il, un attrait sincère exercé par le sionisme sur beaucoup de dirigeants anglais.

Ces hommes d'Etat britanniques sont sincèrement religieux, dit-il, et « ils conçoivent l'idée du 'retour des juifs en Palestine' comme une réalité évoquant en eux leurs traditions et leur foi ». Ils ne comprennent pas l'opposition des juifs assimilés.

---

[250] - Weizmann est introduit auprès de l'ambassadeur anglais à Paris par le baron Edmond Rothshild, (branche française), ami de Bertie. Naissance d'Israel, o.c. p. 181-182.
Selon les interlocuteurs de l'Ambassadeur, le projet a les faveurs d'Edward Grey, Loyd George, Samuel, Kriwrey et ils ne citent pas Lord Riding. Ces interlocuteurs pensent que ni la France ni la Russie ne sont contre ce projet. Ils ajoutent que les auteurs du projet sont prêts à laisser les Lieux Saints et même le Jérusalem ancien sous contrôle international. Voir: J.M.N. Jeffries, The reality (préface de l'auteur datée de fin 1938) traduit de l'anglais à l'arabe sous le titre : Filastin ilaykom al haqiqa, par Ahmad Khalil Al-Hadj, Le Caire (Al Hay'a al misriya al 'amma li-ta'lif wal-nachr), tome 1 (1971, 313 p.), tome 2 (1972, 257 p.), tome 3 (1973, 187 p.), tome 4 (1973, 205 p.), tome 2, p. 162.
Jeffries est un journaliste anglais.

Lord Milner pense que seuls les juifs sont capables de reconstruire la Palestine. Il déclare en public : « Si les Arabes pensent que la Palestine deviendra un pays arabe, ils se trompent totalement ».

Il y a, dit Weizmann, dans les postes gouvernementaux, au niveau supérieur ou secondaire, des hommes qui comprennent vraiment la raison d'être du mouvement sioniste, et ce que représente le potentiel de la Palestine. Il cite le Ministère des Affaires étrangères, le Ministère de la guerre, et les journaux (Manchester Guardian, Times)[251].

En février 1916, Weizmann s'installe à Londres où il travaille au ministère de la Marine dont le ministre à l'époque est Arthur Balfour.
Et selon Me Dungdale, nièce et biographe de Balfour, un jour, après une rencontre de travail avec Balfour, celui-ci dit à Weizmann :
« Un jour vous aurez votre Jérusalem si les Alliés gagnent cette guerre » et lui demanda de le revoir une autre fois pour discuter avec lui l'affaire des juifs russes et des juifs anglais[252].

Les sionistes perçoivent l'Angleterre comme un partenaire important puisque celle-ci a des intérêts au Moyen-Orient (Canal de Suez, la Route des Indes, etc.)

Au printemps 1916, donc, pendant la période du mémoire adressé par l'Angleterre à la Russie et au moment où les accords Sykes-Picot entre Français et Anglais sont paraphés, les sionistes commencent à avoir des liens avec la Haute administration anglaise, ce qui leur permet de se faire connaître des ministres, et de

---

[251] - Naissance d'Israel, o.c. p. 210-213.
Alfred Milner (1854-1925), Secrétaire d'État aux Colonies, Secrétaire d'État à la Guerre. Il fit partie du Cabinet de guerre britannique de David Lloyd George de décembre 1916 à novembre 1918.
Il joua un rôle important dans la définition des politiques coloniales de l'Empire entre les années 1890 et les années 1920.
[252] - Jeffries, tome 1, o.c. p. 166.

pouvoir entrer en relation sans intermédiaire avec les Alliés[253].

En Angleterre, les Autorités facilitent l'activité des sionistes en mettant à leur disposition les moyens de télécommunications secrètes du ministère des Affaires étrangères et en dispensant de l'enrôlement militaire les sionistes qui travaillent dans l'O.S.M (Organisation Sioniste Mondiale[254].

Et à partir de l'automne 1916, « une diplomatie nationale juive était née »[255].

---

253 - Jeffries, tome 1, o.c. p. 178-179 (Selon Me Dungdale, nièce et biographe de Balfour).
Il s'agit du mémoire adressé le 13 mars 1916 par l'Ambassade britannique à la Russie. Ce mémoire est cité au Chapitre_7 : Les Accords Sykes-Picot : les enjeux politiques et militaires.
254 - A ce propos, à Londres, un exempté du service militaire relate : « Cela se passait en septembre 1916. Le bureau sioniste dans lequel travaillaient ces exemptés sionistes avait pour mission d'être en contact avec les sionistes dans la plupart des pays ».
« Depuis cette époque, et pour plusieurs années, le sionisme sera considéré comme l'allié du gouvernement anglais... Et on ne refusait pas un passeport ou une possibilité de voyage à quelqu'un qui était recommandé par notre bureau ».
« J'ai moi-même, grâce à un papier signé de moi-même, ajoute l'exempté, obtenu du Bureau de l'Intérieur anglais, qu'un certain juif ottoman soit considéré, comme un étranger ami, et non comme un étranger ennemi, comme c'était le cas des Turcs ».
Voir : Jeffries I, o.c. p. p. 219-220.
Voir également : Abd-al-Wahab al-Kayyali, historien palestinien, assassiné par les sionistes en 1981 à Beyrouth à l'âge de 42 ans. Son " Histoire de la Palestine : 1896-1940 " est son oeuvre la mieux connue du public. L'auteur appuie son récit sur les archives diplomatiques du Foreign Office, les documents privés conservés à la Bibliothèque du Moyen Orient (fondée par Albert Hourani et Roger Owen) du St Anthony's College d'Oxford, ainsi que des archives de la Haganah (Service des renseignements sionistes) consacrées à Jérusalem. Voir : Ta'rikh Filastin Al-Hadith (Histoire nouvelle de la Palestine), Abd-al-Wahab Al-Kayyali, Beyrouth, 1985 (9 ème édition), 408 p., p. 82. Il existe une traduction française de ce livre : Histoire de la Palestine 1896-1940, Paris, L'Harmattan, 1985, 267 p. (traduit de l'anglais au français par Anne-Marie Abouelaazem).
255 - Selon l'expression de Me Dungdale, nièce et biographe de Balfour, Jeffries I, o.c. p. p. 232.

En 1916, un projet complet de l'occupation de la Palestine par les sionistes est présenté à Mark Sykes (le négociateur britannique des Accords Sykes-Picot) par le Comité politique de l'O.S.M[256].

Ainsi, Sykes a des contacts et des tractations avec les sionistes, alors que ceux-ci ne sont pas au courant de la préparation des Accords Sykes-Picot[257].

Les sionistes profitaient de plus en plus de leurs positions et s'étaient raffermis au point de soutenir et d'aider l'Angleterre dans sa remise en cause de l'internationalisation de la Palestine (prévue dans les Accords Sykes-Picot), et donc, de mettre à l'écart la France du futur de ce pays[258].

Cependant le rôle des sionistes est exagéré par la propagande, et ceux-ci en sont conscients.
Car, ce n'est pas avec l'aide des sionistes que les Alliés ont battu les Allemands mais avec leurs propres armes[259].

Weizmann cite également Dungdale : « une diplomatie nationale juive était en puissance...A la fin d'avril 1917, le Foreing Office reconnut, avec une certaine consternation que le gouvernement britannique était virtuellement engagé », Naissance d'Israel, o.c. p. 229.
256 - Le projet sioniste met l'accent sur les points suivants :
+la reconnaissance officielle du peuple juif en Palestine (le mot peuple couvre les juifs actuellement en Palestine et les juifs qui immigreront dans le futur) avec des droits civils et politiques ;
+le gouvernement anglais permet à tous les juifs le droit d'émigrer en Palestine, et qu'il soit permis aux juifs en Palestine de s'y installer et d'acheter des terres. Voir : Wathaïq Filastin : mi'atan wa thamanuna wathiqa mukhtara 1839-1987 (Documents sur la Palestine, 280 documents choisis : 1839-1987), Daïrat ath-thaqafa (O.L.P.), 1987, 486 p., p. 44 (selon le livre Mawjiz al qadhiyya de 'Ali Muhammad 'Ali). Documents, Paris, Institut du Monde Arabe.
Voir également, Hussayn TRIKI, Voici la Palestine, traduit de l'arabe au français par Hachemi SEBAÏ, en collaboration avec l'auteur, Tunis, 1972, 333 p., p. 103.
257 - Weizmann n'était pas au courant des accords secrets entre les Français et les Anglais, Naissance d'Israel, o.c. p. 222.
258 – Jeffries, o.c. tome 1, p. 228.
259 – Jeffries, o.c. tome 2, p. 5.

Les sionistes ont toujours raconté, à qui voulait entendre toutes les fausses vérités sur la Palestine.

C'est ainsi par exemple que l'idée de la Palestine 'pays vide' est utilisée par Weizmann, dans un discours (28/03/1914) à Paris au cours d'une réunion de sionistes français.

Weizmann raconte à Arthur Ruppin, responsable de la Direction de la colonisation de l'Agence juive, les moyens qu'il avait utilisés pour convaincre les Anglais. Lorsque Ruppin interroge Weizmann sur ses idées au sujet des Palestiniens, celui-ci répond :

« Nous informions les Anglais, qu'il y a quelques centaines de milliers de «zounoudj» qui n'ont aucune valeur »[260].

Les sionistes qui parlent ainsi sont les dépositaires de l'idéologie de leur leader, Théodor Herzl.
Ainsi le but assigné au sionisme est d'étouffer le mouvement arabe naissant.

Le mouvement sioniste est un mouvement colonial né et développé au sein de pays colonialistes.
C'est un mouvement qui est hostile aux mouvements révolutionnaires mondiaux, et qui éloigne les juifs du mouvement socialiste[261].

Herzl défendait les avantages de la présence d'un Etat juif en Palestine.
Il parlait de Croisades et du fait que les Européens ne défendaient pas bien les Terres Saintes.

---

260 - « At-taçawwar as-sahyouni li-tarhil : nadhrat ta'rikhiyya aamma » (Sionisme et transfert), Nouraddine Masalha, Majallat ad-Dirasat al Filastiniyya (Revue d'Etudes Palestiniennes), Beyrout, numéro 7, été 1991, p. 19-45, p. 21.
Le terme « zounoudj » renvoie à la population noire de l'Afrique de l'Est.
261 - The Attitude of the ottoman empire toward the zionist movement 1897-1909 (en arabe), Hassan Ali Hallak, Beyrouth, 1980, 425 pages, p.19-20.

Herzl parlait aussi de l'industrialisation de la Palestine dans l'esprit saint-simonien[262].

@@@

3- Conflits internes chez les sionistes à propos de la question nationale

Au départ des négociations sur la Déclaration Balfour, les juifs montrent beaucoup de réticences à propos de leur installation en Palestine.

Le principe sur lequel se base la «Déclaration Balfour» suppose que les juifs constituent une nation, ce qui porte atteinte à leurs intérêts, et entraîne une crispation chez un nombre important de juifs.

Par ailleurs, la Déclaration priverait les Palestiniens de leurs droits dans leur propre patrie et les exposent à l'expulsion, ce qui veut dire que les musulmans et les chrétiens doivent laisser la place aux juifs. Ce qui va transformer la Palestine en un grand ghetto et porter atteinte aux intérêts des juifs dans le monde.

En Angleterre, le « Conjoint Commitee » est composé de représentants, membres de l'« Anglo-Jewish Association» (l'Association anglo-juive) (présidée par le Dr Claude Montefiore) et du «Comité des députés juifs» (présidé par Mr David L. Alexander)[263].
Le « Conjoint », dont le Secrétaire est Lucien Wolf, jourrnaliste influent, représente auprès du gouvernement britannique les juifs assimilés et les juifs assimilationistes.
Le « Conjoint » est soutenu par Edwin Montagu (alors

---

262 - Roger Garaudy, Palestine, Terre des messages divins, Paris, 1986, 397 p., p. 173.
263 - L'Anglo-Jewish Association, fondée en 1871, est l'équivalent britannique de l'Alliance israélite. L'Alliance israélite universelle est une société juive internationale culturelle, installée dans différents pays, mais française à l'origine.

Secrétaire financier du Trésor, et plus tard, Secrétaire d'Etat pour les Indes).
Le « Conjoint » est contre le sionisme et contre la Déclaration Balfour (en cours de préparation).
Il pense que l'idée de l'installation des juifs en Palestine signifie que ceux-ci n'ont aucune patrie.
De plus le sionisme politique détruit les bases religieuses des juifs, avec la seule alternative à ces bases religieuses, « un nationalisme juif d'ici-bas, basé sur d'obscures notions de race et de particularités ethnographiques »[264].

David L. Alexander et Claude Montefiore, dans un texte publié dans le journal « Times », exhortent le gouvernement britannique à ne pas prendre de décisions favorables aux sionistes.
Les deux dirigeants juifs disent que les juifs sont une communauté religieuse et rien de plus, « tout au plus pouvait-on exiger pour les juifs de Palestine la jouissance de la liberté religieuse et civile, des facilités raisonnables pour l'immigration et la colonisation, et les privilèges municipaux dans les villes et les colonies qui peuvent être nécessaires ».
Le « Conjoint » n'admet pas que le sionisme parle au nom de l'ensemble des juifs.

Chaïm Weizmann tente, sans succès d'amener le Conjoint à former un front commun avec les juifs sionistes. Il mène contre le Conjoint» une campagne vigoureuse[265].

---

264 - Jeffries, tome 1, o.c. p. 235-236.
265 - Weizmann qualifie les juifs assimilasionistes anglais du Conjoint de « minorité riche, suffisante et satisfaite d'elle-même, une toute petite minorité de ce peuple en question se révoltait contre cette proposition (la Déclaration Balfour en préparation) et déployait avec une rage intense tous les moyens possibles pour empêcher l'accomplissement de cet acte de restitution ».
Weizmann déclare : « l'opposition de ces juifs assimilationistes finit par nous coûter, beaucoup plus cher, que les objections raisonnées des non-juifs. D'ailleurs cette opposition, psychologique plutôt que raisonnée, était implacable. Si la prophétie que j'avais annoncée à C.P. Scott à propos du million de juifs à installer en Palestine en 25 ans ou un peu plus n'a été réalisée qu'avec 40% de personnes en

Weizmann se présente comme une personnalité juive soutenue par le gouvernement de Sa Majesté.
Il expose la ligne sioniste :
Céer à long terme un commonwealth juif en Palestine (pour éviter le terme Etat), mais en attendant, rechercher la protection de l'Angleterre. Les sionistes anglais se refusent à utiliser le terme d'«État» en lui préférant un terme, plus ambigu, comme « Home » (foyer) ou commonwealth, qui ne signifie pas nécessairement État.

Après la Révolution russe (1917), les assimilasionistes (juifs anti-sionistes), pensent que le principal stimulateur du mouvement sioniste est tombé.
En effet les juifs se sont réjouis de la chute du Tzar et de l'avènement du régime libéral de Kérensky[266].
Les juifs soviétiques anti-sionistes sont actifs après la Révolution bolchevique.

Le «Bund», Fédération de travailleurs juifs, fondée en 1897, est dès son origine hostile au sionisme comme à tout idéal qui ne se réclamerait pas d'un esprit entièrement internationaliste.

Les « Bundistes » prônent l'égalité pour les juifs, et ils s'opposent à leur départ en Palestine pour reconstruire là-bas un « nationalisme » de plus.

C'est Diamanchstein nommé (1918) Commissaire aux Affaires juives qui lance le slogan :

« Construisons une Palestine à Moscou »[267].

---

moins, la faute en est directement imputable aux entraves du petit groupe de juifs influents... ».
Avant et après la Déclaration Balfour, « la reconnaissance d'une juiverie palestinienne comme un nation se heurta à la résistance obstinée des juifs assimilés anglais qui parlent de récupération ». Voir : Naissance d'Israel, o.c. p. 185-186 ; 188-190 ; 221-222 ; 235.

266 - Naissance d'Israel, o.c. p. 236-237.
267 - Déclaration Balfour, 1917 : Création d'un foyer national juif en Palestine présentée par Renée Neher-Bernheim, Paris, 1969, 473 p., p.317.

Les sionistes américains eux, utilisent le terme homeland (patrie)[268].
Mais le président américain Wilson interprètera la Déclaration Balfour dans le même sens que les Anglais :

«Je suis convaincu, dit Wilson, que les Nations Alliées, avec le plein accord de notre gouvernement, et de notre peuple, sont d'avis que soient posés en Palestine les fondements d'un Jewish Commonwealth »[269].

Chez l'ensemble des sionistes, il y a deux positions : le sionisme politique et le sionisme pratique.
Il faut amener les grandes puissances à nous aider disent les sionistes politiques.

Quant à l'autre position, celle des sionistes pratiques, (dont Weizmann), il s'agit de lier l'activité politique à l'occupation matérielle de la terre palestinienne[270].

Fin du Chapitre_14

---

268 - Henry Laurens, La question de Palestine, tome 1 : 1799-1922, Paris (Fayard), 1999, 719 p., p. 356.
269 - Déclaration Balfour, o.c. p. 368 (Selon le Premier ministre Lloyd George).
270 - +Pour le sionisme politique, «la Palestine appartient à la Turquie. L'achat de terres est interdit par la loi. Nous ne pouvons rien faire, à présent, que travailler pour la charte et amener les grandes puissances, telles l'Angleterre et l'Allemagne à nous aider pour l'obtenir».
Ce point de vue est partagé par les Organisations sionistes allemandes et autrichiennes et par la plupart des Occidentaux.
+La deuxième position, (le sionisme pratique dont se réclame Weizmann) a une vue plus organique du sionisme, c'est-à-dire, que l'activité politique doit être accompagnée de « l'occupation matérielle de la terre palestinienne qui à son tour serait suivie par un renforcement moral de la conscience juive, la renaissance de la langue hébraïque, la diffusion de la connaissance de l'histoire juive, et la consolidation de l'attachement aux valeurs permanentes du judaïsme». Et le processus de fusion de ces deux écoles, dit Weizmann, n'est pas chose facile. Voir : Naissance d'Israel, o.c. p.148-149.

Fin 1916, Lloyd George, le nouveau chef du gouvernement anglais, remet en cause le projet d'internationalisation de la Palestine.
Il décide de conquérir militairement ce pays.

Chapitre_15

La question de la Palestine est posée au sein du gouvernement anglais pendant la guerre 1914-1918.

§§§

1- Le ministre Herbert Samuel, le futur Haut-commissaire en Palestine (au lendemain du Mandat britannique sur ce pays), pose la question de la Palestine.
2- Le Mémorandum d'Herbert Samuel exposé au gouvernement (mars 1915).
3- Le Premier ministre anglais Lloyd George remet en cause la partie des Accords Sykes-Picot concernant la Palestine.
4- Annexe : Le Mémorandum d'Herbert Samuel.

§§§

1- Le ministre Herbert Samuel pose la question de la Palestine.

Herbert Samuel (1870-1963) devient ministre de l'Intérieur dans le gouvernement du Premier ministre Asquith en 1910. C'est le « premier juif, non converti, à accéder à ces hautes fonctions politiques ».

Jusqu'en 1914, Herbert Samuel disait : « je ne m'étais pas spécialement intéressé au mouvement sioniste... La situation changea totalement au moment où la Turquie entra en guerre.
Si la Palestine devait avoir une destinée nouvelle, cela concernait directement la Grande-Bretagne, avec ses intérêts stratégiques au Moyen-Orient »[271].

---

[271] - La Déclaration Balfour, 1917 : Création d'un foyer national juif en Palestine présentée par Renée Neher-Bernheim, Paris, 1969, 473 p., p. 184-185. Herbert Samuel pense que la Palestine est un petit pays avec des monts nus et dont une partie est sans eau. Il pense qu'on peut y installer 3 à 4 millions de juifs européens... Voir :

Herbert Samuel, en tant que sioniste, joue un rôle éminent, d'abord dans la préparation de la Déclaration Balfour et, plus tard, en tant que premier Haut-Commissaire anglais en Palestine.

En mars 1915, un mémorandum intitulé «Avenir de la Palestine» est présenté par Herbert Samuel au gouvernement du Premier ministre Asquith.
C'est la première énonciation d'un «projet juif» pour la Palestine présentée au gouvernement anglais.

Lloyd George (alors ministre des Munitions) est favorable à ce projet, alors que le Premier ministre Asquith et le ministre des Affaires étrangères, Edward Grey, sont sceptiques.
Herbert Samuel déclare : « Devant le Cabinet, Lloyd George a parlé du sort de la Palestine et m'a dit qu'il serait très content de voir s'y fonder un Etat juif »[272].

Le mémorandum va servir de repère à la politique ultérieure du gouvernement britannique envers la Palestine. Pour Herbert Samuel il existe :

+« une sympathie spontanée pour les aspirations juives à la restauration de la Palestine...
+la croyance que l'apport en Palestine d'un nouvel élément économique et culturel serait la meilleure manière de régénérer ce pays, d'un intérêt historique si puissant pour l'humanité, et à l'époque presque à l'abandon ;
+et enfin, contre des dangers futurs, une excellente mesure de précaution pour protéger les anciens et légitimes intérêts du Commonwealth britannique ».

Herbert Samuel pense, que s'il y a négociation au Mo-

J.M.N. Jeffries : The reality (préface de l'auteur datée de fin 1938) traduit à l'arabe sous le titre : Filastin ilaykom alhaqiqa, par Ahmad Khalil AlHadj, Le Caire (AlHay'a almisriya al'amma li-ta'lif walnachr), tome 1 (1971, 313 p.), tome 2 (1972, 257 p.), tome 3 (1973, 187 p.), tome 4 (1973, 205 p.), tome 1, p. 161.

272 - Déclaration Balfour, o.c. p. 188-189 (Selon H. Samuel, Mémoires, pp. 141-143).

yen-Orient il ne faut pas oublier de tenir compte de la Palestine[273].

2- Le Mémorandum du ministre Herbert Samuel sur la Palestine présenté au gouvernement anglais en mars 1915

Herbert Samuel étudie dans son Mémorandum les différentes possibilités pour l'avenir de la Palestine (Voir l'Annexe ci-dessous au paragraphe **4**).

Voici ce que pense le Premier Ministre Asquith du Mémorandum de son ministre Herbert Samuel :

« On a l'impression de lire une édition modernisée de « Tancrède »[274]. J'avoue que je ne suis pas attiré par ce surcroît de responsabilités qu'on propose mais c'est une curieuse illustration de la maxime favorite de Dizzy : « La race, c'est tout », que l'on retrouve dans cet accès de lyrisme dont fait preuve Herbert Samuel qui possède un cerveau bien ordonné et méthodique...
« aussi étrange que cela soit, le seul partisan de cette proposition est Lloyd George, et je n'ai pas besoin de dire qu'il n'attache pas le moindre intérêt aux juifs, à leur passé ou à leur avenir, mais il pense que ce serait une insulte de laisser les Lieux Saints passer entre les mains ou sous le protectorat d'une France agnostique et athée »[275].

---

[273] - Herbert Samuel dit à Edward Grey : « Si la France, ou une autre puissance font des propositions concernant la Syrie, il serait très important de n'accepter aucun plan qui soit incompatible avec la création d'un Etat juif en Palestine ». Voir : Déclaration Balfour, o.c. p. 182-183 et 184-189.
[274] - Personnage principal de « La Jérusalem délivrée » du poète Le Tasse. «La Jérusalem délivrée» («La Gerusalemme liberata») est un poème épique écrit en 1581 en italien par le Tasse, retraçant un récit largement de fiction de la Première Croisade, au cours de laquelle les chevaliers chrétiens, commandés par Godefroy de Bouillon, combattent les Musulmans (Sarrasins) afin de lever le Siège de Jérusalem en 1099.
[275] - Weizmann Chaïm, Naissance d'Israel, Paris, 1977, 551 p., p. 181. Voir également : « Deux siècles après la Déclaration Balfour » (en arabe), Ibrahim Hammami, professeur palestinien, Al-Quds al-

Asquith ne changera pas d'avis sur la Palestine, après sa visite à ce pays (1924).
(La Palestine est alors sous Mandat britannique depuis 1923)[276].

3- Le Premier ministre anglais Lloyd George remet en cause la partie des Accords Sykes-Picot concernant la Palestine

Afin d'éviter des difficultés entre les puissances alliées en pleine guerre, les «Accords Sykes-Picot» ont prévu l'internationalisation de la Palestine.
Mais de nombreux opposants anglais à cette internationalisation, voient dans le sionisme le prétexte pour revoir cet aspect des Accords anglo-français.
Ce qui renforce les sionistes en Angleterre.

A la fin de 1916, Lloyd George est le nouveau chef du gouvernement anglais. Il remet en cause l'internationalisation de la Palestine et décide de conquérir militairement ce pays.

Lloyd George charge alors Mark Sykes, nouveau Secrétaire Adjoint dans le Cabinet de guerre, d'appliquer sa nouvelle politique à l'égard de la France cosignataire des Accords Sykes-Picot.

L'ambassadeur français à Londres, Paul Cambon, rend

'araby, qutotidien arabe édité à Londres, 12 nov. 2004 (citant les Mémoires d'Asquith 1852-1928, 28 janvier et 13 mars 1915).
276 - Asquith dit :
«Il y a moins d'un million d'âmes dans le pays…dont un dixième de juifs, les autres sont des chrétiens et des Arabes, ceux-ci formant les trois quarts de la population. Je crois qu'on ne trouverait nulle part ailleurs de plus mauvais spécimens pour représenter les trois religions, surtout les chrétiens.
Les juifs augmentent (ils viennent principalement des parties les moins civilisées d'Europe orientale) grâce à la propagande sioniste et sont sûrement beaucoup plus heureux ici, où l'on s'occupe bien d'eux que dans les endroits misérables d'où ils furent envoyés. Mais la discussion sur la possibilité de faire de la Palestine une patrie juive me semble toujours fantaisiste ». Voir : Naissance d'Israel, o.c. p. 182.

compte à Paris de ce changement (9 déc. 1916)[277].

Mais, en 1917, le Président américain Wilson lance l'idée du «droit des peuples à disposer d'eux-mêmes». Ce qui remet en cause le projet anglais d'occuper la Palestine.
En effet pour s'assurer l'entrée en guerre des USA aux côtés des Alliés ces derniers ont dû souscrire aux principes édictés par le Président américain[278].
L'Angleterre trouve alors dans la protection du sionisme un alibi pour protéger les juifs en Palestine et ainsi imposer son mandat sur ce pays[279].
On remarquera l'hypocrisie des Alliés qui utilisaient la Palestine pour régler leurs différends.

Balfour déclare au juge sioniste américain Louis Brandeis en juin 1919 :
« J'ai peine à concevoir comment le président Wilson pourra concilier son adhésion au sionisme avec la doctrine d'autodétermination »[280].

---

277 - Henry Laurens, La question de Palestine, tome 1 : 1799-1922, Paris (Fayard), 1999, 719 p., p. 343.
278 - Les principes dont il est question sont exposés par le Président Américain Wilson dans un message au Sénat- 22 janvier 1917. Voir : Naissance du Sionisme politique, présenté par Yohanan Manor, Paris, 1981, 278 p., p. 202-203.
A ce propos, le Chérif Hussayn (qui est en guerre contre les Ottomans) adresse aux Etats-Unis un mémoire dans lequel il demande la reconnaissance par les USA de son action et de son statut (Roi des Arabes).
Cette reconnaissance, dit-il, sera la première application du principe de la libération des peuples, énoncé par le Président Wilson.
Car, ajoute-t-il, c'est pour défendre ce principe que les Etats-Unis d'Amérique entrent en guerre au côté des Alliés (Le mémoire est adressé à un ministre américain sans autre précision), Voir : Amine Saïd, Athawra al'arabyaa alkubra (La Grande révolte arabe), Le Caire (éd. Madbouly), sans date, 3 tomes, tome 1, p. 309-310.
279 - L'Orient arabe, Henry Laurens, 1993, p. 169.
280 - Roger Garaudy, Palestine, Terre des messages divins, Paris, 1986, 397 p., p. 189. Brandeis Louis, avocat reconnu, membre de la Cour Suprême des Etats Unis d'Amérique. Très proche du Président Wilson, Brandeis est le Président d'honneur de l'Organisation sioniste aux USA.

4- Annexe :
Le mémorandum d'Herbert Samuel (mars 1915)

<u>Source du Mémorandum</u> : La Déclaration Balfour, 1917 : Création d'un foyer national juif en Palestine, présentée par Renée Neher-Bernheim, Paris, 1969, 473 p., p. 195-202.
Le mémorandum est resté confidentiel pendant 40 ans. Il est publié pour la première fois en 1957, Ibid, p. 195).

a) des différentes possibilités, celle de l'annexion par la France est la plus envisagée.
Mais la présence d'une grande puissance européenne près du canal de Suez serait une menace permanente et sérieuse pour les principales voies de communication de l'Empire britannique...
La France a des intérêts en Syrie, mais peu en Palestine.
L'obtention, après la guerre, de la plus grande partie de la Syrie, la réintégration de l'Alsace et de la Lorraine, tout ceci sera suffisant pour absorber l'énergie de la population française, numériquement stationnaire, pour encore pas mal d'années.

b) une seconde possibilité serait de laisser le pays à la Turquie : Si la Syrie du Nord va à la France et la Mésopotamie à l'Angleterre, il n'y a apparemment aucune raison de laisser la Palestine comme possession turque seule et isolée.

c) une troisième possibilité serait l'internationalisation: un régime international a toujours été une étape vers quelque chose d'autre.
Chacun des Etats dirigeants chercherait pour son pays des droits à une annexion ultérieure.
Dans ce cas précis, l'internationalisation pourrait se révéler être un premier pas vers un protectorat allemand. Une telle éventualité serait aussi dangereuse pour la France en Syrie du Nord, que pour l'Angleterre en Egypte.

d) une autre possibilité souvent envisagée est l'établissement d'un Etat juif indépendant en Palestine :

Le temps n'est sûrement pas encore venu...un gouvernement même avec l'appui des grandes puissances ne peut pas s'imposer (« 500 ou 600 mille musulmans de race arabe sous un gouvernement reposant sur les 90 ou 100 mille habitants juifs »)...
Vouloir réaliser le rêve d'un Etat juif cent ans trop tôt, risque de retarder la réalisation pour encore plusieurs centaines d'années.
Les dirigeants sionistes sont parfaitement d'accord avec ces considérations.

e) la dernière proposition est un protectorat britannique : son établissement serait une garantie pour l'Egypte...pour concilier les susceptibilités des églises catholiques et grecques, il est nécessaire d'établir un régime d'extraterritorialité pour les Lieux-Saints chrétiens et de confier leurs biens à une commission internationale (Russie, Vatican, France)...
Il serait bien entendu souhaitable que les Lieux-Saints musulmans soient déclarés inviolables, et sans doute, le gouvernement local devra-t-il comporter un musulman ou davantage dont la présence garantirait la sauvegarde des intérêts musulmans...
Il faut espérer que, sous l'administration britannique, des facilités seraient données aux organisations juives pour acquérir des terres, créer des villages, établir des institutions éducatives et religieuses, et coopérer au développement économique du pays ;

L'immigration juive soigneusement disciplinée devrait être préférentielle, de manière à ce que, petit à petit, les habitants juifs devenus majoritaires et adaptés au pays puissent accéder à tel type de gouvernement autonome que les conditions de l'époque justifieront...
La solution préconisée gagnerait à l'Angleterre la gratitude de tous les juifs du monde.
Aux Etats-Unis, où ils sont environ deux millions, et dans les autres pays où ils sont dispersés, ils formeraient une opinion publique qui, là où les pays dont ils sont citoyens sont neutres, ferait pencher en faveur de l'Empire britannique...

Inclure la Palestine dans l'Empire, ce serait même rehausser l'éclat de la couronne britannique…il y a, profondément enracinée, dans la conscience protestante mondiale, une sympathie pour la restauration du peuple hébreu sur la terre qu'il devait avoir en héritage…

La Grande-Bretagne est entrée dans la guerre sans aucun but d'expansion territoriale ; mais une fois dans la guerre, et après les immenses sacrifices consentis, il y aurait une profonde déception dans le pays si nos Alliés en retiraient de grands avantages, et nous aucun.
Dépouiller l'Allemagne de ses colonies, au profit de la Grande-Bretagne, amènerait la population allemande à un tel sentiment d'acrimonie, qu'il ne serait pas de bonne politique de le faire…

Mais si la Grande-Bretagne peut obtenir des compensations qu'exigera l'opinion publique, en Mésopotamie et en Palestine, et non pas en Afrique orientale et occidentale allemande, cela augmentera les chances d'une paix durable.

Fin du Mémorandum

Fin du Chapitre_15

Reconnaissance du mouvement sioniste par les Européens

Chapitre_16

Rencontres des sionistes avec des Européens au plus haut niveau pendant la guerre 1914-1918.

§§§

1- Discussions anglo-franco-sionistes de février 1917.
2- Après les réunions de février 1917, avec Sykes et Picot, les sionistes s'activent : Sokolov[281] se rend à Paris et à Rome, Weizmann rencontre des officiels anglais et des sionistes américains.
3- Intervention des sionistes en Allemagne.

§§§

1- Discussions anglo-franco-sionistes de février 1917

Les Anglais commencent à discuter avec les sionistes sur la Palestine, alors que ces derniers ne sont pas encore au courant des Accords Sykes-Picot qui prévoient l'internationalisation de ce pays[282].

Ces discussions, qui aboutiront à la « Déclaration Balfour », portaient sur le marché suivant :

Les sionistes annoncent officiellement aux Anglais leur opposition à l'« internationalisation » de la Palestine,

---

[281] - Nahum Sokolov (1859-1936). En 1906, il est nommé Secrétaire général du mouvement sioniste.
En 1914, il s'établit à Londres, où il remplit, à côté de Chaïm Weizmann, une fonction importante dans la réussite de la « Déclaration Balfour ».
[282] - Les sionistes sont informés du contenu des Accords Sykes-Picot mi-avril 1917 seulement. Robert de Caix, le porte-parole du Parti colonial français et la tête de file des «Syriens» (c'est-à-dire ceux qui veulent établir un protectorat français sur la Syrie), transmet l'information à C.P. Scott, journaliste au Manchester Guardian, qui la transmet, à son tour, à Weizmann, voir : Henry Laurens, La question de Palestine, tome 1 : 1799-1922, Paris (Fayard), 1999, 719 p., p. 350.

et que, si les Anglais soutenaient leur projet, ils travailleraient à l'établissement d'un protectorat anglais sur la Palestine[283].

En janvier 1917, Weizmann soumet à Mark Sykes (le Sous-Secrétaire au ministère anglais de la Guerre) un mémorandum préparé par le Comité politique officiel sioniste (créé en janvier 1916).
Le mémorandum est intitulé :
« Grandes lignes d'un programme pour le retour des juifs en Palestine, conformément aux aspirations du mouvement sioniste »[284].

Une réunion entre les sionistes et les Anglais se tient à Londres, le 7 février 1917, chez Moshé Gaster, sioniste important.
Sont présents : Mark Sykes ; les représentants des juifs : Dr Galner, Lord Rothschild, Herbert Samuel, James de Rothschild, Joseph Cowen, Herbert Bentwitch, Harry Shaker, Naom Sokolov et Chaïm Weizmann.

Pour Mark Sykes le but de la réunion du 7 février est d'écouter la position des sionistes.
La présence des Rothschild, famille juive anglaise importante, est un atout pour les sionistes.

---

[283] - Yaqdhat Al-'Arab (Le réveil arabe), Georges Antonius, Beyrouth, 1987, 653 p., p.370. L'original de l'ouvrage en anglais (The Arab Awakening, Lippincott, Philadelphie, USA, 1939) est traduit à l'arabe par Nasr ad-Din Al Asad et Ihsan 'Abbas sous le titre (Yaqdhat Al-'Arab : Ta'rikh harakat al'Arab alqawmiyya, Beyrouth, Dar al'ilm lil malayin).
[284] - Le premier point du mémorandum indique que « la population juive de Palestine, présente et future, sera reconnue officiellement par le gouvernement suzerain en tant que nation juive et bénéficiera dans le pays de tous les droits civiques, nationaux et politiques.
Le gouvernement suzerain reconnaît qu'il est souhaitable et nécessaire que les juifs retournent en Palestine ».
Les autres points du mémorandum concernent : le droit d'immigration en Palestine, la création d'une compagnie juive pour la colonisation de la Palestine et le développement de l'autonomie locale.
Voir : Weizmann Chaïm, Naissance d'Israel, Paris, 1977, 551 p., p. 220-221.

Les sionistes disent qu'il ne 'faut' pas qu'il y ait internationalisation de la Palestine ; ils réclament un mandat britannique sur ce pays avec l'attribution aux juifs de tous les droits, afin qu'ils puissent se développer comme une nation.
(C'est la première fois, selon le journaliste anglais Jeffries, que le verbe « falloir » est utilisé avec les Anglais)[285].

Sykes parle ensuite du mouvement nationaliste arabe, en prétendant que les Arabes s'entendront avec les sionistes surtout s'ils sont soutenus par les sionistes sur d'autres questions[286].

Weizmann annonce de son côté que les juifs iront en Palestine pour former « une nation à 100 % juive et non pour devenir des Arabes, des Druzes ou des Anglais »[287].
Et Herbert Samuel insiste sur l'importance stratégique de la Palestine pour la Grande-Bretagne.

A la réunion du 7 février, il est décidé que Sokolov se chargera des négociations avec Sykes et représentera les sionistes auprès du français Georges Picot.
Il est décidé également que Georges Picot se joindra aux discussions en tant que représentant de la France.

Et c'est ainsi que s'ouvre le cycle des négociations qui aboutiront six mois plus tard à la Déclaration Balfour. Des rencontres se dérouleront les 8, 9 et 10 fév. 1917, entre Sykes, Picot et Sokolov.

La première rencontre a lieu au domicile de Sykes.

---

285 - J.M.N. Jeffries : The reality (préface de l'auteur datée de fin 1938) traduit de l'anglais à l'arabe sous le titre : Filastin ilaykom al haqiqa, par Ahmad Khalil Al-Hadj, Le Caire (Al Hay'a al misriya al 'amma li-ta'lif wal-nachr), tome 1 (1971, 313 p.), tome 2 (1972, 257 p.), tome 3 (1973, 187 p.), tome 4 (1973, 205 p.), tome 1, p.222-223.
286 - Naissance d'Israel, o.c. p. 224.
287 - Henry Laurens, La question de Palestine, o.c. p. 344.

C'est la rencontre entre 2 diplomates, anglais et français, qui viennent de se partager des provinces arabes de l'Empire ottoman, avec un leader sioniste (juif polonais) qui ignore ce partage.

Il y eut un échange de questions et d'idées sur l'avenir de la Palestine entre Picot et Sokolov[288].
A la fin de ces conversations, et après le départ de

---

[288] - Picot demande à Sokolov « Si, dans l'éventualité où les juifs obtiendraient l'égalité des droits en Russie et en Pologne, il subsisterait encore une question juive ».
Selon Sokolov, le problème resterait le même. La seule solution, dit-il, est « la solution sioniste, selon un schéma national ».
Picot pose alors la question de savoir comment les juifs envisagent-ils de s'organiser en tant que nation en Palestine.
Sokolov répond « qu'ils s'installeraient de la même manière que les Anglais et les Français l'avaient fait au Canada, ou les Boers en Afrique du Sud, c'est à dire en s'installant comme des agriculteurs...
Les fondations sont la terre ; c'est à la classe agricole que l'on doit songer d'abord. Les autres se développeront plus tard ».
Enfin, Picot demande à Sokolov pourquoi les sionistes préfèrent-ils la suzeraineté anglaise, et Sokolov de répondre :
« +la Grande-Bretagne a une grande et noble mission au Levant ;
+elle est parmi les grandes puissances, celle qui a le mieux réussi dans ses entreprises coloniales ;
+les sionistes mettent beaucoup d'espoir dans le principe qui régit les rapports entre l'Angleterre et ses colonies, à savoir la possibilité d'un libre développement des nationalités ».
En conclusion, Picot souligne que la France ne renoncera pas complètement à la Palestine et demande à Sokolov : quelle serait l'attitude des juifs à l'égard des autres populations de Palestine.
Sokolov répond :
« La Palestine n'est pas le centre national des Arabes, de sorte qu'ils n'auraient sur ce point aucune mauvaise volonté contre les juifs ».
Aussi voulait-il que les Arabes reçoivent également la possibilité de développer un centre national propre.
Quant aux Lieux Saints, les juifs n'ont pas l'intention de s'y immiscer.
En ce qui concerne les sectes, Sokolov émet l'opinion « qu'il y aurait une réelle paix religieuse dans le monde, seulement le jour où les juifs seraient en Palestine ».
Les informations sur les discussions des 8, 9 et 10 février 1917 proviennent des archives sionistes de Jérusalem, voir : La Déclaration Balfour, 1917 : Création d'un foyer national juif en Palestine présentée par Renée Neher-Bernheim, Paris, 1969, 473 p., p. 233-240. Voir également : La question de Palestine, o. c. tome 1, p. 344-345.

Picot, Sykes exprime à Sokolov sa grande satisfaction d'avoir entendu la discussion qu'il a eue avec Picot. Sykes autorise alors les sionistes à informer, télégraphiquement, par voie officielle, les responsables sionistes à Moscou et Washington du côté positif des discussions[289].

Balfour et Sykes eux-mêmes conseillent les dirigeants sionistes de se rendre à Paris et à Rome pour y exposer leur projet[290].

Malgré les avancées obtenues par les sionistes auprès de l'Angleterre (reconnaissance de leur projet d'occupation de la Palestine), Weizmann écrit à C.P. Scott le 20 mars 1917 : « Je ne peux pas m'empêcher de penser qu'il (Sykes) considère le plan sioniste comme un accessoire du vaste plan arabe dont il est en train de s'occuper (...) notre tâche devient très difficile si, dans les négociations actuelles avec les Arabes, les intérêts juifs en Palestine ne sont pas clairement définis »[291].

@@@

2- Après les réunions de février 1917 avec Sykes et Picot, les sionistes s'activent :
Sokolov se rend à Paris et à Rome, Weizmann rencontre des officiels anglais et des sionistes américains

Le 22 mars 1917, Weizmann rencontre Arthur Balfour qui vient de remplacer Edward Grey au ministère anglais des Affaires étrangères.

Balfour déclare, que si on ne peut pas aboutir à un accord entre l'Angleterre et la France, « nous devrions

---

289 - Sykes devient un ami fidèle des sionistes et sa mort subite le 19 février 1919 est une grande perte pour eux, Déclaration Balfour, o.c. p.205. C.P. Scott est un journaliste anglais du Manchester (Guardian)
290 - Jeffries, o.c. tome 1, p. 226.
291 - Naissance d'Israel, o.c. p. 227-228.

essayer d'intéresser l'Amérique et travailler à constituer un protectorat anglo-américain sur la Palestine ».

Chaïm Weizmann rencontre également les sionistes américains à qui il demande de mettre en tête de leurs revendications « Une Palestine juive ».
Il écrit à Louis Brandeis (8 avr. 1917), qui est à la tête du mouvement sioniste américain, pour lui dire qu'il a eu, en présence d'Herbert Samuel, une conversation à Londres, avec des personnalités sionistes anglaises et américaines et que « votre opinion (celle de Brandeis), exprimée en même temps que celle de Hauts-fonctionnaires pour une ' Palestine juive' sous un protectorat anglais consoliderait notre parti »[292].

Après accord avec Mark Sykes, les sionistes adressent un message secret au juge Brandeis, dans lequel ils annoncent que l'Angleterre aidera les juifs à « avoir » la Palestine, en contrepartie d'un soutien sérieux des juifs américains à la cause des Alliés[293].

Les sionistes comptent sur les Américains car ceux-ci pensent que la colonisation de la Palestine par les sionistes s'accorde avec leur point de vue sur leur colonisation de l'Amérique[294].

Le 25 avril 1917, Weizmann qui vient d'apprendre l'existence du traité Sykes-Picot expose à Lord Robert Cecil, le deuxième Secrétaire aux Affaires étrangères, le projet à travers lequel les sionistes revendiquent un protectorat britannique, option qui n'existe pas dans les Accords Sykes-Picot.

---

292 - Naissance d'Israel, o.c. p. 225 et 228. Weizmann dit à C.P. Scott (journaliste anglais du Manchester Guardian) que c'est « une idée attirante mais plutôt compliquée...elle comporte le danger toujours présent lorsqu'on dépend de deux maîtres et nous ne savons pas encore, jusqu'à quel point Américains et Anglais partagent les mêmes idées sur le plan administratif ».
293 - Jeffries, tome 1, o.c. p. 219-220.
294 - « Dawrat Ma'had al-i'dad al-i'lami hawl as-sira' al-'arabi as-sahyuni » (Table ronde à propos du conflit arabo-sioniste), Naçir Chamaly, Damas, 21 juillet-2 août 2001.

Weizmann rapporte que Robert Cecil «fut le seul à juger réellement l'idéal sioniste comme faisant partie intégrale de la stabilisation mondiale»²⁹⁵.

De son côté, Sokolov se rend à Rome, le 23 avril 1917, et au Vatican le 10 mai.

Le gouvernement italien et le Vatican sont favorables au projet sioniste.
Sokolov est reçu par le Pape Benoit XV²⁹⁶.

Après l'Italie, Sokolov se rend en France.

Les sionistes attendent de la France la reconnaissance d'une nationalité juive : « Je reçus, déclare Sokolov, l'assurance que le gouvernement français considérait

---

295 - « Ce que nous voulions, dis-je (Weizmann), à Lord Robert Cecil, c'était un protectorat britannique….Cecil demanda alors quelles objections nous faisions au seul contrôle français….je répondis que les Français s'étaient toujours immiscés dans la vie de la population en essayant de leur imposer l'«esprit français»…
et «qu'une Palestine juive serait une sauvegarde pour l'Angleterre, particulièrement en ce qui concerne le canal de Suez», voir : Naissance d'Israel, o.c. p. 226-227.
296 - Le Pape Benoit XV déclare à Sokolov :
« …Il s'agit de la reconstruction de la Judée par le peuple juif, n'est-ce-pas ? Quel changement d'Histoire ! Il y a dix-neuf siècles que Rome a détruit votre pays, et maintenant, en allant le reconstruire, vous arrivez à Rome…».
Quant aux Lieux Saints, le Pape dit « qu'on va arranger ça entre l'Eglise et les grandes puissances. Il faut que vous respectiez ces droits dans toute leur étendue ».
On notera l'attitude du pape Benoit XV vis à vis des sionistes, différente de celle du pape Pie X qui a reçu en 1904 le dirigeant sioniste Theodor Herzl, Déclaration Balfour, o.c. p. 251-252.
Herzl rencontre le pape Pie X, le 25 janvier 1904. Le résultat de la rencontre est négatif. Herzl plaide auprès du pape le soutien au sionisme. Le pape répond que si les juifs venaient s'établir en Palestine « nous serons prêts avec nos églises et nos prêtres à vous baptiser tous », voir : Note de lecture : Politique du St-Siège vis à vis du sionisme, Revue d'études palestiniennes, Paris, num. 44, 1992, p. 130-132, (selon Sergio I. Minerbi, The Vatican au Zionism: Conflit in the Holy Land, 1895-1925, New-York, Oxford University Press, 1990, XIV + 253 p.
Rappelons que Herzl avait tenté sans succès à la fin du 19ème siècle d'acheter la Palestine aux Ottomans.

le projet sioniste avec bienveillance»[297].

A propos de la rencontre de Sokolov avec les Français, Dadjeele, nièce et biographe de Balfour, dit dans son livre « La vie de Balfour » : « Le résultat des pourparlers des sionistes avec les Français est envoyé par Sokolov de Paris aux sionistes américains, et le bureau (anglais) des Affaires étrangères est arrivé à la même

---

[297] - Le 28 mai 1917, Sokolov est reçu par le président du Conseil français, Alexandre Ribot et par le ministre des Affaires étrangères Jules Cambon.
Les raisons de cette réception sont d'une part, de concurrencer, et même de devancer les Anglais, dans leur soutien aux sionistes, et d'autre part, de demander aux juifs russes, par l'intermédiaire des sionistes de maintenir la Russie dans la guerre (car les juifs russes n'avaient aucune sympathie pour leur gouvernement).
La lettre que Sokolov reçoit du ministère français des Affaires étrangères est importante.Car pour Sokolov cette lettre (gardée secrète) montre pour la première fois qu'une grande nation reconnaît le droit des juifs sur la Palestine.

Voici la lettre que Sokolov reçoit du ministère français des Affaires étrangères :
Ministère des Affaires étrangères
Cabinet du Ministre
Paris, le 4 juin 1917.
Monsieur,
Vous avez bien voulu m'exposer le projet auquel vous consacrez vos efforts et qui a pour objet de développer la colonisation israélite en Palestine.
Vous estimez, que si les circonstances le permettent et l'indépendance des Lieux Saints étant assurée, d'autre part, ce serait faire œuvre de justice et de réparation que d'aider à la renaissance, par la protection des puissances alliées, de la nationalité juive, sur cette terre d'où le peuple d'Israel a été chassé il y a tant de siècles.
Le gouvernement français, qui est entré dans la présente guerre, pour défendre un peuple injustement attaqué, et qui poursuit la lutte pour assurer le triomphe du droit sur la force, ne peut éprouver que de la sympathie pour votre cause dont le triomphe est lié à celui des Alliés.
Je suis heureux de vous en donner ici l'assurance.
Recevez, Monsieur, l'assurance de ma considération distinguée.
(signé) J. Cambon.
Voir : Déclaration Balfour, o.c. p. 249 & 254-255. Voir également : La question de Palestine, tome 1, o.c. p. 348-349.

conclusion que les sionistes, sur le fait que la victoire des Alliés au Moyen Orient aboutira à la reconnaissance du sionisme »[298].

En conséquence les Anglais pensent que la reconnaissance de la nation juive par la France faciliterait à cette nation un protectorat sur la Palestine.
D'où la précipitation des Anglais à mettre en œuvre la « Déclaration Balfour » pour devancer les Français.

En fait, les contacts anglais et français avec les sionistes ont un but bien précis :
Les deux puissances agissent pendant la guerre pour faire entrer dans l'Entente des Alliés, des pays jusque-là neutres (USA, Roumanie, Grèce, etc.).
Un des moyens utilisés est l'action de propagande vis à vis des juifs de ces pays pour obtenir leur adhésion. Cette action s'appuie sur les sionistes.

C'est ainsi que les sionistes comptent monnayer leur engagement, c'est à dire, en cas de victoire des Alliés, ceux-ci devront soutenir leur projet d'occupation de la Palestine.

@@@

3- Intervention des sionistes en Allemagne

Dans le cadre de leur association, « Komitee Fur Den Osten », les sionistes allemands s'étaient mis à la disposition de leur gouvernement dans l'espoir d'obtenir, en échange des concessions en faveur des juifs en Palestine. (les Allemands et les Ottomans sont alliés).
Dans ce contexte, le «Komitee Fur DenOsten» désigne Isaac Strauss, conseiller de l'ambassadeur allemand aux USA, avec la mission de consolider les relations entre l'Allemagne et les juifs américains (les USA sont

---

[298] - Jeffries, tome 1, o.c. p. 227.

encore neutres à ce moment-là, il fallait donc les attirer dans le camp allemand).

Par ailleurs, le gouvernement allemand donne des instructions à son ambassadeur à Istanbul pour favoriser la réouverture de la banque anglo-palestinienne.
L'ambassadeur arrive également, à empêcher l'expulsion des juifs russes de la Palestine.

En fait, l'influence des Allemands à Istanbul a protégé les juifs de Palestine contre les décisions des Autorités ottomanes contre eux.
Les juifs de Palestine utilisent les moyens de télécommunications de l'ambassade allemande pour leur contact avec Berlin.

Et un an seulement, après le début de la guerre, les sionistes allemands obtiennent des Autorités allemandes un accord, distribué aux Consulats allemands en Palestine selon lequel l'Allemagne voit avec sympathie l'activité des juifs en Turquie (dans le but d'améliorer leurs conditions de vie) et la colonisation et l'immigration juives en Palestine.
La position des sionistes allemands était donc différente de celle des sionistes anglais, qui se sont engagés très tôt du côté des Alliés.

En 1917, la pression des sionistes allemands sur l'Etat allemand pour une déclaration reconnaissant un foyer juif en Palestine va être un des facteurs qui poussera l'Angleterre à accélérer la conclusion de la « Déclaration Balfour »[299].

---

[299] - Ta'rikh Filastin Al-Hadith (Histoire nouvelle de la Palestine), Abd-al-Wahab Al-Kayyali, Beyrouth, 1985 (9 ème édition), 408 p., p. 78-79.
Il existe une traduction française de ce livre : Histoire de la Palestine 1896-1940, Paris, L'Harmattan, 1985, 267 p. (traduit de l'anglais au français par Anne-Marie Abouelaazem).
Abd-al-Wahab al-Kayyali, historien palestinien est assassiné par les sionistes en 1981 à Beyrouth.
Il avait 42 ans. L'« Histoire de la Palestine : 1896-1940 » est son œuvre la mieux connue du public.

En définitive, les interventions des sionistes en Angleterre et aux USA ont renforcé le sentiment positif des juifs envers les Alliés[300].

Fin du Chapitre_16

L'auteur appuie son récit sur les archives diplomatiques du Foreign Office, des documents privés conservés à la Bibliothèque du Moyen Orient (fondée par Albert Hourani et Roger Owen) du St Anthony's College d'Oxford, ainsi que des archives de la Haganah (Service des renseignements sionistes) consacrées à Jérusalem.
300 - Jeffries, tome 1, o.c. p. 219-220.

Des personnalités européennes se rendent aux USA pour contacter les sionistes américains

Chapitre_17

L'entrée en guerre des Etats-Unis d'Amérique

« C'est en Amérique, bien avant l'Angleterre, que le sionisme commence à devenir une force internationale lui permettant d'atteindre une réalité nationale »[301]

1- La France, l'Angleterre et les sionistes américains
2- L'entrée en guerre des U.S.A.

@@@

1- La France, l'Angleterre et les sionistes américains

Dès le début de la guerre 1914-1918, Français et Anglais mobilisent l'opinion publique juive en faveur des Alliés, en Afrique du Sud, Russie, France, Italie, Canada et aux Etats-Unis d'Amérique (USA).
Mais, la plus forte mobilisation se fait en direction des USA, car les Alliés prennent conscience de l'importance du sionisme américain[302].

Les USA n'entreront en guerre qu'en mars 1917[303]. Les sionistes américains joueront un rôle décisif dans cette décision, grâce à l'influence du juge à la Cour

---

[301] - J.M.N. Jeffries : The reality (préface de l'auteur datée de fin 1938) traduit de l'anglais à l'arabe sous le titre : Filastin ilaykom al haqiqa, par Ahmad Khalil Al-Hadj, Le Caire (Al Hay'a al misriya al 'amma li-ta'lif wal-nachr), tome 1 (1971, 313 p.), tome 2 (1972, 257 p.), tome 3 (1973, 187 p.), tome 4 (1973, 205 p.), tome 1, p. 249-250.
[302] - Samuel Landman, secrétaire du leader sioniste Sokolov, puis secrétaire de l'Organisation sioniste mondiale, souligne la solidarité qui existe entre Marc Sykes, Weizmann et Sokolov, à propos de la façon de faire entrer les Américains dans la guerre, avec en contrepartie, la Palestine. Voir : Jeffries, o.c. tome 1, p. 219-220.
[303] - Les Etats-Unis sont entrés en guerre en tant qu'« associés » des forces de l'Entente et non comme «alliés».
Par là-même, ils refusent de se sentir liés par les accords conclus entre leurs partenaires. Les Etats-Unis, soucieux de conserver leurs établissements missionnaires au Proche-Orient, se sont contentés de rompre les relations diplomatiques avec les Ottomans.

Suprême, Louis Brandeis, sur le Président américain, Woudrow Wilson.

Louis Brandeis est le leader du mouvement sioniste américain. Il étudie, dès 1914, l'avenir de la Palestine avec les ambassadeurs français et anglais à Washington.

En novembre 1915, la France envoie Victor Basch en Amérique[304]. Celui-ci est chargé d'entrer en contact avec les juifs américains. Il se rend compte que ceux-ci sont hostiles à la Russie, membre des Alliés.

Victor Basch donne des conférences auprès des juifs américains, en appuyant sur l'importance de l'antisémitisme allemand, car la germanophilie auprès de ces juifs est importante. Il est autorisé à dire confidentiellement que la défense, l'extension et la liberté des colonies juives de Palestine ne seront pas oubliées par la France et l'Angleterre, le moment venu.

Victor Basch rencontre Louis Brandeis et le banquier Jacob Schiff avec lesquels il va négocier : la France et l'Angleterre garantissent aux juifs russes le libre exercice de leur religion et de leur langue, en contrepartie, les juifs américains apporteront leur soutien aux Alliés[305].

Une autre personnalité française juive, Nahum Slouch

---

304 - Victor Basch, une des personnalités de la Ligue des Droits de l'Homme, dont il deviendra le président après la guerre, est sympathisant du sionisme et ami du leader sioniste Max Nordau.
Voir : Henry Laurens, La question de Palestine, tome 1 (1799-1922), Paris (Fayard), 1999, 719 p., p. 333.
305 - Les Autorités américaines ne peuvent pas financer, seules la guerre, il faut l'aide de banques privées.
Ce n'est pas facile de trouver de l'aide auprès de ces banques dans lesquelles les juifs ont de grands intérêts.
Ex : « Certains d'entre eux, dont le grand banquier juif Jacob Schiff, sont d'origine allemande et restent très réticents à l'égard de l'Entente et surtout de la Russie, mais en bons patriotes ces banquiers juifs aideront l'effort de guerre.
Jacob Schiff ainsi que d'autres banquiers juifs sont hostiles au sionisme comme Montaigu l'était en Angleterre », La Déclaration Balfour, 1917 : Création d'un foyer national juif en Palestine présentée par Renée Neher-Bernheim, Paris, 1969, 473 p., p.303.

est envoyée aux USA en automne 1915.
Celui-ci révèle que la nomination de Louis Brandeis à la Cour suprême est un signe de l'influence des juifs, dans la politique américaine.

Nahum Slouch remarque que les juifs américains revendiquent la reconnaissance du peuple juif ainsi que ses droits historiques sur la Palestine.
Selon lui, cette revendication, défendue par la majorité des juifs américains n'est défendue que par les sionistes européens et non par l'ensemble des juifs européens.

Par ailleurs, Slouch développe un plan de colonisation juive de la Palestine[306].

De son côté, le ministre anglais des Affaires étrangères, Arthur Balfour, arrive aux Etats-Unis, le 20 avril 1917, juste après l'entrée en guerre des Etats-Unis du côté des Alliés.
A cette date, la victoire des Alliés n'était pas encore assurée.

La mission de Balfour est de préparer la «Déclaration» qui portera son nom.
Balfour rencontre Brandeis, à qui il promet son appui personnel pour le projet sioniste.
Et Dajdeele, nièce et biographe de Balfour, de dire : « il me semble que monsieur le juge Brandeis ne cesse d'insister, pendant toute la durée du séjour de la mission anglaise, sur le désir des sionistes américains de voir l'administration britannique s'installer en Palestine ».
Dajdeele reconnaitra, par ailleurs, qu'une diplomatie juive nationale a vu le jour pendant cette période[307].
Le mouvement sioniste américain est très important.

---

306 - Nahum Slouch a collaboré à la 'Revue du monde musulman'. Il a été chargé par le général Lyautey pour réorganiser les communautés juives au Maroc occupé, La question de Palestine, tome1, o.c. p. 332-333.
307 - Jeffries, tome 1, o.c. p. 231-232.

La preuve en est, le déplacement aux Etats-Unis de personnalités officielles françaises et anglaises dans le cadre des rapports qu'elles entretiennent avec les sionistes de ce pays. D'ailleurs, le leader sioniste Naom Sokolov écrit dans « Histoire du sionisme », que toute idée née à Londres était examinée en Amérique par le mouvement sioniste et que toute proposition en provenance d'Amérique était reçue avec beaucoup d'intérêt à Londres[308].

Deux semaines après l'envoi (mars 1916) du mémoire britannique à Petrograd[309], une réunion des associations juives américaines se tient à Philadelphie (USA). Le juge Brandeis y fait un discours. A cette réunion, il a été décidé de profiter de la guerre pour assurer les pleins droits aux juifs partout dans le monde. Les conclusions de la réunion constituent le « Programme de Philadelphie ».
Ce programme est soutenu, officiellement, par le gouvernement américain, en particulier, par le Secrétaire à la Défense.
Très peu de temps plus tard, on ajoute au Programme de Philadelphie : « Pour une Palestine juive »[310].

Le 2 oct 1916, les principales organisations sionistes américaines (il y a trois millions de juifs à l'époque, la plupart dans les villes) diffusent un communiqué commun intégrant les décisions du « Programme de Philadelphie » : les droits civils et politiques des juifs en Palestine doivent être assurés et protégés.
Au même moment, un communiqué de l'Organisation sioniste mondiale précise, que dorénavant celle-ci a le droit de donner son avis sur le gouvernement de la Palestine au cas où ce pays serait sous la souveraineté anglaise ou française.

---

[308] - Jeffries, tome 1, o.c. p.270.
[309] - Il s'agit du mémoire adressé le 13 mars 1916 par l'ambassade britannique à la Russie.
Le mémoire est cité au Chapitre_7 : Les Accords Sykes-Picot. Les enjeux politiques et militaires.
[310] - Jeffries, tome 1, o.c. p. 182-183.

L'Organisation cherche à faire reconnaître, par les éventuels mandataires de la Palestine que les juifs forment une unité nationale autonome, et que « les Arabes étant peu nombreux, l'arrivée en Palestine de juifs formés changera leur situation ». Et toutes ces propositions, d'après les sionistes, sont admises à la discussion par le gouvernement britannique[311].
L'Organisation sioniste mondiale agissait comme si elle bénéficiait de la reconnaissance internationale.

Voici quelques réflexions de Lloyd George, le Premier ministre anglais, sur le sionisme, les juifs, l'Amérique et la guerre 1914-1918 :

« La Déclaration Balfour représente les convictions politiques de tous les partis de notre pays et aussi d'Amérique. Mais sa publication en 1917 est due, comme je l'ai dit, à des raisons de propagande…Les besoins de la guerre déterminèrent le moment précis où fut faite la Déclaration.
Elle devint un élément de notre tactique de propagande en vue de mobiliser à travers le monde toutes les forces d'opinion qui pourraient affaiblir l'ennemi et augmenter les chances des alliés ».
…
« La Déclaration, toujours selon Lloyd George, aurait une énorme influence sur le judaïsme mondial, en dehors de la Russie, et procurerait aux pays de l'Entente l'appui des intérêts financiers juifs. Cette aide aurait une importance particulière en Amérique au moment où les Alliés avaient presque complétement épuisé les réserves d'or et les garanties monétaires nécessaires à des achats en Amérique…

L'ensemble de ces considérations poussèrent le gouvernement britannique, en 1917, à passer un contrat

---

[311] - Jeffries, tome 1, o.c. p. 206-209.

avec le judaïsme »[312].

2- L'entrée en guerre des USA

Après l'entrée en guerre des USA les sionistes demandent l'appui des juifs américains en faveur d'une Palestine sous protectorat anglais.
C'est l'objet de la lettre que Weizmann adresse au juge Brandeis, qui en accepte l'idée.

De son côté, le rabbin Stephen Wise, important leader sioniste américain (1874-1949), et ami personnel du président Wilson assure, lui aussi, sa confiance à l'Angleterre.

Et, toute l'activité des sionistes aboutira à l'accord du président Wilson en faveur d'une déclaration de bienveillance pour le mouvement sioniste (13 oct. 1917), qui sera le dernier feu vert pour la Déclaration Balfour, en cours de rédaction par les Anglais[313].
On peut dire que l'entrée des Américains dans le conflit a des conséquences importantes sur le sort de la Palestine.

Un communiqué anglais officiel sur les objectifs de la guerre au Proche Orient est publié.
Ce communiqué, destiné aux juifs américains, est appelé : « Programme d'Octobre » (1917).
Il contient les points suivants :

+Reconnaissance de la Palestine, foyer national pour les juifs ;
+Les juifs vivant actuellement en Palestine, et ceux qui y arriveront à l'avenir, bénéficieront dans tout le pays de tous les droits nationaux, politiques et civils ;
+Le gouvernement souverain qui dirigera la Palestine accordera le droit (plein et sans condition), à l'émigra-

---

[312] - La Déclaration Balfour, 1917, Création d'un foyer national juif en Palestine, présentée par Renée Neher-Bernheim, Paris, 1969, 473 p., p. 305-309.
[313] - Déclaration Balfour, o.c. p. 264-267.

tion en Palestine à tous les juifs du monde ;
+Le gouvernement autorisera la création d'une société juive par actions, chargée de l'implantation et du développement en Palestine ;
+Les juifs gèreront de façon autonome leurs affaires religieuses, communautaires et éducatives[314].

Fin du Chapitre_17

---

[314] - Jeffries, tome 1, o.c. p.228-229.

Le 2 novembre 2017, à Londres, Teresa May célébre avec « fierté » le centenaire de la Déclaration Balfour

Chapitre_18

La Déclaration Balfour

La Palestine, "un petit Ulster juif loyal" (R. Storrs)[315]

@@@

1- Projet du texte de la Déclaration Balfour
2- Texte définitif de la Déclaration Balfour

@@@

1- Projet du texte de la Déclaration Balfour

Le 19 juin 1917, le ministre des Affaires étrangères anglais, Lord Arthur Balfour, reçoit les sionistes Rothschild et Chaïm Weizmann et leur demande de lui soumettre un projet de texte de déclaration.

Après un premier texte proposé par les sionistes, et jugé trop long, après sa discussion par le Cabinet anglais, un nouveau texte remanié est adressé à Balfour par Rothschild le 18 juillet 1917 :
a- le gouvernement de sa Majesté accepte le principe que la Palestine soit reconstituée comme Foyer national du peuple juif.
b- le gouvernement de sa Majesté fera le maximum d'efforts pour assurer la réalisation de ce projet, et en discutera les méthodes et les moyens nécessaires avec l'Organisation sioniste.

Ce 18 juillet 1917, plusieurs projets de déclaration sont en présence : Projet sioniste, Projet Balfour, Projet Milner, Projet Milner-Amery.

---

[315] - Lawrence d'Arabie, le lévrier fatal 1888-1935, Vincent-Mansour MONTEIL, Paris, Hachette, 1987, 331 p., p. 222, selon Ronald Storrs. Ronald Storrs fut gouverneur de Jérusalem de 1917 à 1920, puis gouverneur de Judée jusqu'en 1926.

Leur synthèse donnera la déclaration finale, le 2 novembre 1917. Elle portera le nom de «Déclaration Balfour».

Les trois premiers projets parlent de « foyer national pour le peuple juif » (national home of the Jewish people). Cette expression est remplacée dans le quatrième projet par « foyer national pour la race juive».

La déclaration finale retient l'expression : « foyer national pour le peuple juif ».

Par ailleurs, ce n'est que dans le 4ème projet qu'on parle des populations palestiniennes.

Celles-ci sont réduites à des communautés non-juives ayant des droits civils et religieux (the civil and religious rights of existing non-Jewish communities in Palestine), ce qui nie l'existence de l'identité politique palestinienne.

De plus, dans ce quatrième projet, il est dit que le foyer national juif ne doit pas entraver les droits et le statut politique des juifs dans les autres pays[316].

Le 3 septembre 1917, le projet de la Déclaration est examiné une première fois par le Cabinet de Guerre anglais (4 ministres).

Lord Curzon, membre du Cabinet de Guerre est hostile au projet[317]. Ancien vice-roi de l'Inde et ministre de la Guerre dans le cabinet britannique, Lord Curzon est le seul responsable anglais qui s'arrête sur le contenu de la Déclaration.

Selon les enregistrements de la réunion du Cabinet du 4 octobre 1917, Curzon s'interroge sur le fait que l'on puisse ignorer la majorité de la population musulmane

---

[316] - J.M.N. Jeffries : The reality (préface de l'auteur datée de fin 1938) traduit de l'anglais à l'arabe sous le titre : Filastin ilaykom al haqiqa, par Ahmad Khalil Al-Hadj, Le Caire (Al Hay'a al misriya al 'amma li-ta'lif wal-nachr), tome 1 (1971, 313 p.), tome 2 (1972, 257 p.), tome 3 (1973, 187 p.), tome 4 (1973, 205 p.), tome 1, p. 280.

[317] - La Déclaration Balfour, 1917 : Création d'un foyer national juif en Palestine présentée par Renée Neher-Bernheim, Paris, 1969, 473 p., p.292-293.

qui habite déjà en Palestine et de mettre à leur place des juifs.

Et dans un mémoire daté du 26 octobre 1917 présenté aux ministres, Curzon précise encore sa position en signalant le fait que l'on extraie de ce projet le symbole que représente la ville de Jérusalem pour les musulmans et les chrétiens.

Il y a en Palestine, dit-il, « plus d'un demi-million d'arabes syriens qui se sont installés eux et leurs ancêtres depuis 1500 ans.

Et, ceux qui possèdent cette terre n'accepteront pas d'en être dessaisis pour être donnée à des immigrants juifs et qu'ils deviennent de simples bûcherons et de préposés à l'irrigation de terres »[318].

Enfin, lorsque la Déclaration est, à nouveau examinée au Cabinet de Guerre (31 octobre 1917), Lord Curzon soumet à la réunion un document exprimant une fois de plus son opposition à la Déclaration[319].

Une autre personnalité anglaise est contre la Déclaration : Edwin Montagu, Secrétaire financier du Trésor, et postérieurement, Secrétaire d'Etat pour les Indes.

---

[318] - « 88 ans après la Déclaration Balfour, l'histoire de 117 mots anglais qui falsifièrent l'histoire et la géographie du Moyen-Orient » (en arabe), Ma'mun Kywan, site : Albasrah.net, 9 novembre 2005.
[319] - Lord Curzon : « N'est-t-il pas évident qu'un pays qui ne peut, dans un proche avenir, accueillir qu'une petite population, qui dispose déjà d'une population indigène de croyances et de races différentes, qui ne peut posséder de centre urbain – ou de capitale *, qui ne convient qu'à certaines formes de développement agricole, ne saurait être désigné comme foyer national pour le peuple juif, à moins de faire de cette expression un emploi très extensif? »
(*)- Curzon exclut que Jérusalem puisse être la capitale du peuple juif, du fait de l'existence des Lieux Saints chrétiens et musulmans dans cette ville. Voir : Naissance du Sionisme politique présenté par Yohanan Manor, Paris, 1981, 278 p., p. 206-207.
De même, on rapporte du même Curzon, à la conférence de San Remo, à propos du choix d'un mandataire pour la Palestine, les propos suivants : « j'éprouve une grande difficulté à changer mon attitude parce qu'au cours de mes pourparlers avec les sionistes, j'ai refusé de leur faire certaines concessions, mais je me suis engagé de ce côté, à ne rien modifier de la Déclaration à laquelle ils attachent tant d'importance ». Voir : Henry Laurens, Revue d'Etudes Palestiniennes, num. 51, printemps 1994, p. 128.

Ainsi, lorsque les Anglais parlent d'un foyer national pour les juifs, cela veut dire qu'ils ne reconnaissent pas politiquement les habitants qui y résident déjà.

Et lorsque le journaliste anglais Jeffries posa un jour, à Jérusalem, la question au Haut-Commissaire anglais en Palestine : « Que veulent dire les droits civils ? », celui-ci répondit : « Bien ! Il est très difficile de les définir »[320].

2- Texte définitif de la Déclaration Balfour

Ci-dessous la traduction française du texte anglais de la Déclaration, envoyée le 2 novembre 1917 à Walter Rothshild par Arthur James Balfour :

« Cher Lord Rothshild,

J'ai le plaisir de vous adresser, au nom du gouvernement de Sa Majesté, la déclaration ci-dessous de sympathie à l'adresse des aspirations sionistes déclaration soumise au Cabinet et approuvé par lui :

« Le gouvernement de Sa Majesté envisage favorablement l'établissement en Palestine d'un Foyer national pour le peuple juif, et emploiera tous ses efforts pour faciliter la réalisation de cet objectif, étant clairement entendu que rien ne sera fait qui puisse porter atteinte ni aux droits civils et religieux des collectivités non juives existant en Palestine, ni aux droits et au statut politique dont les juifs jouissent dans tout autre pays ».

Je vous serais reconnaissant, de bien vouloir porter cette Déclaration à la connaissance de la Fédération sioniste.

Signé : Arthur James Balfour[321].

---

320 - Jeffries, tome 1, o.c. p. 280.
321 - Mark Sykes félicite Weizmann en lui portant le document final de la Déclaration.

La Déclaration n'est publiée, dans la presse britannique que le 9 novembre dans le « Manchester Guardian », car le journal donne plutôt la priorité au début de la Révolution russe d'Octobre (le 7 novembre 1917 en date occidentale).
Le général anglais Allenby interdira la publication de la Déclaration Balfour en Palestine, le pays intéressé en premier lieu. Car on était encore en guerre, et on avait peur de l'abandon des troupes arabes engagées avec les Anglais.

Ce n'est qu'en mai 1919, un an et demi après la publication de la Déclaration que Sir Louis Pawls annonce officiellement aux Palestiniens, oralement, le texte de la Déclaration[322].

L'écrivain et journaliste britannique David Hirst déclare dans son livre « Le fusil et le rameau d'olivier » que le conflit arabo-sioniste est à notre époque le premier problème qui pourrait entraîner un conflit nucléaire.
Et si cela arrivait, les historiens qui resteraient vivants diraient, sans doute, que le problème a commencé par une déclaration de seulement 117 mots anglais[323].

Fin du Chapitre_18

Voir : Weizmann Chaïm, Naissance d'Israel, Paris, 1977, 551 p., p. 244.
Une copie de la Déclaration est vendue aux enchères publiques par l'Institution « Southbis », à New-York, pour un montant de 880.000 dollars.
Cette copie est écrite sur un papier à en-tête des hôtels « Lion Simon » (qui était un responsable sioniste important lors de la réunion du Comité politique sioniste à Londres le 17 juillet 1917).
Voir : Al-Quds al-Arabi, quotidien arabe édité à Londres, 18-19 juin 2005.
L'original de la Déclaration est exposé pour la première fois en Israel le 26 octobre 1987 dans la salle « Chagal » de l'Assemblée nationale sioniste. L'original est détenu par la bibliothèque d'un musée londonien. Voir : Al-Yom Assabih, hebdomadaire arabe, édité à Paris, 9 novembre 1987.
322 - Jeffries, tome 2, p. 197.
323 - « 88 ans après la Déclaration Balfour, o.c.

La France approuve officiellement « un établissement juif en Palestine »

Chapitre_19

Réactions à la Déclaration Balfour.
Annexe : le « Foyer national juif ».

1- Réactions à la Déclaration Balfour : arabes, musulmanes, européennes, américaines et japonaises.
2- Annexe : Position du Premier ministre anglais Lloyd George à propos de l'expression « foyer national juif » de la Déclaration Balfour.

§§§

1- Réactions à la Déclaration Balfour

a-Réactions arabes et musulmanes

En juin 1917, les musulmans de Londres réagissent à la Déclaration qui était en préparation.
Marmaduk Bikthoul, de l'« Association islamique centrale », organise à Londres une conférence publique, dont le texte est adressé à Arthur Balfour ministre anglais des Affaires étrangères.
Le texte est publié par la suite sous le titre : «Les intérêts islamiques en Palestine».

Bikthoul souligne dans sa conférence, l'ignorance des Autorités et de la population anglaises des conséquences de la création d'un Etat juif sous la protection d'un Etat chrétien.
Il déclare également que la population anglaise ignore ce que représentent Al-Quds (Jérusalem) et la Palestine, en islam et dans l'histoire arabe.

Mark Sykes, qui prépare avec les sionistes la Déclaration découvre à travers cette conférence les premières réactions publiques, musulmanes et arabes, contre la Déclaration. Il ne trouve rien d'autre à dire, sinon que l'auteur de la conférence est pro-ottoman, accusation grave en ce temps de guerre.

Quelques jours après la publication de la Déclaration, les musulmans de Londres protestent, de nouveau auprès de Balfour, et demandent à l'Angleterre des garanties sur les Lieux Saints musulmans de Palestine. Cette fois-ci Sykes qualifie les protestataires d'espions au service des Ottomans.

Une autre protestation contre la Déclaration émane de Sayyid Amir Ali membre du «Conseil consultatif du Roi d'Angleterre». Le 10 novembre 1917, Sayyid Amir Ali adresse une lettre à Lord Harding, l'Agent permanent du ministère des Affaires étrangères, et ancien représentant du roi en Inde, soulignant l'importance de la Palestine pour les musulmans et que se serait tromperie et dommage de placer le Saint des Saints sous domination juive[324].

Même si le texte de la Déclaration n'est pas publié officiellement en Palestine avant 1920, la presse égyptienne en publie des extraits dès le 2 nov. 1917 (la déclaration sera publiée intégralement le 9 novembre) «en mentionnant les joyeuses réactions de la communauté juive égyptienne».
La nouvelle provoque une vive réaction chez les Palestiniens[325].

Le 11 novembre, les sionistes d'Egypte (occupée par les Anglais depuis 1882) tiennent un grand meeting à Alexandrie. Le gouverneur anglais de la ville y assiste et félicite les participants pour les concessions légitimes qu'ils viennent d'obtenir.

---

324 - « Deux siècles après la déclaration Balfour » (en arabe), Ibrahim Hammami, professeur palestinien. Voir : Al-Quds al'araby, quotidien arabe édité à Londres, 12 nov. 2004.
325 - Rachid Khalidi, L'identité palestinienne, Paris, La Fabrique, 2003, 402 p., p. 243. (Selon Al Hout Bayan Muwayhid, al-Qiyadat wal-mu'assasat al-siyasiyya fi Filastin, 1917-1948 (Leaderships et institutions politiques en Palestine, 1917-1948), Institute for Palestine Studies, Beyrouth, 1981, p. 77-78). Herbert Samuel, ancien ministre, conseille à Balfour de différer la publication de la Déclaration, qui était déjà prête depuis quelques jours, en attendant l'avance de l'offensive anglaise en Palestine, voir : La Déclaration Balfour, 1917 : Création d'un foyer national juif en Palestine présentée par Renée Neher-Bernheim, Paris, 1969, 473 p., p. 11.

La Représentation française en Egypte, note une impression très défavorable de la part de la population du pays. Le recteur d'Al-Azhar, la plus haute autorité religieuse de l'islam en Egypte, aurait dit à un de ses amis : « Les musulmans du monde entier ne pourraient jamais accepter que Jérusalem soit un jour aux mains des juifs, ni même, aux mains des chrétiens, alors que les musulmans en seraient exclus »[326].
(Notons qu'en France, « Le Temps » publie la Déclaration le 10 novembre 1917)[327].

Rachid Ridha est parmi les premiers Arabes à percevoir le lien entre le colonialisme anglais et le mouvement sioniste, ainsi que le danger que représente celui-ci, non seulement pour la Palestine, mais également pour les Arabes.
Pendant la guerre, les écrits de Rachid Ridha sont interdits en Epypte par la censure anglaise.
Mais dès la fin de la guerre, Rachid Ridha attaque les Anglais en déclarant, que « les Anglais utilisèrent les juifs pendant la guerre pour leurs intérêts en leur permettant d'installer un foyer national en Palestine »[328].

Youcef Al-Khazin, journaliste et politicien libanais, dénonce le sionisme et ses dangers pour le Moyen-Orient, dans un livre (L'Etat juif en Palestine) qui paraît à Paris au lendemain de la Déclaration Balfour[329].

---

[326] - Henry Laurens, La question de Palestine, tome 1 : 1799-1922, Paris (Fayard), 1999, 719 p., p. 376.
[327] - Déclaration Balfour, o.c. p. 11.
[328] - « Rachid Ridha wa majallat al-Manar entre 1898 et 1919 », (Rachid Ridha et la revue al-Manar entre 1898 et 1919) par Muhammad Rajaï, Université Al-Yarmouk, p. 231-263, p. 262. In : La vie intellectuelle et les provinces arabes à l'époque ottomane, parties I et II, Zaghouan, 1990, 575 p., présentation du professeur Abdal-Jalil Temmimi. Rachid Ridha (1865-1935), né au Liban, est directeur de la célèbre revue « al-Manar ».
[329] - Youcef Al-Khazin (1871-1944) vit longtemps en Egypte puis à Paris avant de retourner au Liban, où il devient député du Mont-Liban au début du mandat français sur le Liban. Pendant la 2 ème guerre mondiale il fuit les troupes alliées qui entrent au Liban et se réfugie en Italie où il meurt. Son livre « L'Etat juif en Palestine » est traduit par Ghassan Al-Khazin, édition «Dar Mukhtarat».
Voir : «Al Yom assabeh», hebdomadaire arabe, Paris, 21 septembre 1987.

La réaction arabe contre la Déclaration n'a jamais cessé. Car la Déclaration n'a aucune base juridique. Elle est dictée par celui qui ne possède pas, ce qu'il donne à quelqu'un qui n'en a pas le droit.
Car, ni l'Angleterre ni les sionistes, n'ont de droit sur la Palestine au moment de la Déclaration Balfour.
Et, même après leur occupation de la Palestine (après la « Déclaration »), les Anglais n'auront toujours pas le droit de disposer de territoires occupés.

En fait, Lord Rothshild, le destinataire de la Déclaration, est un citoyen juif anglais et ne représente pas tous les juifs du monde. Et la communauté juive n'a pas de personnalité juridique internationale.

Au moment de la Déclaration Balfour, la Palestine fait partie de l'Empire ottoman et l'Angleterre et les pays Alliés ne sont que des occupants de la Palestine.

En vérité, la Déclaration n'a aucune forme d'obligation internationale, puisque elle décidée par une seule partie.

En 2005, l'écrivain Ma'mun Kywan déclare que la Déclaration est une lettre d'un ministre (Balfour) des Affaires étrangères d'un Etat à un citoyen (Lord Rothshild) du même Etat.
Donc cette Déclaration n'a pas la forme d'un traité international.

La Déclaration Balfour a fait de la Palestine, une patrie pour les juifs qui ne sont pas des habitants de la Palestine, car à cette époque (en Palestine), il y avait 50.000 juifs parmi les 12 millions de juifs à travers le monde.
Et au même moment, les Palestiniens comptaient six cents cinquante mille personnes, soit 92% de l'ensemble des habitants de la Palestine[330].

---

330 - « 88 ans après la Déclaration Balfour, l'histoire de 117 mots anglais qui falsifièrent l'histoire et la géographie du Moyen-Orient » (en arabe), Ma'mun Kywan, site : Albasrah.net, 9 novembre 2005.

b-Du côté anglais

La Déclaration Balfour a donné aux sionistes le parrainage de la Grande-Bretagne, la plus grande puissance mondiale du moment.
(La France l'Italie et les USA reconnaitront à leur tour, le mouvement sioniste à travers la « Déclaration Balfour »).

Les Anglais ont eu la satisfaction d'avoir devancé les Allemands, qui avaient fait eux aussi des propositions aux sionistes à propos de la Palestine.

A ce propos George Lloyd déclare :

« Il n'est pas de meilleure preuve de la valeur de la Délaration en tant que démarche militaire que ce fait, l'Allemagne a engagé des négociations avec la Turquie pour tenter de trouver une alternative qui puisse attirer les sionistes.
Le deuxième objectif de la Déclaration est d'empêcher les juifs de s'allier à la révolution russe.
Le troisième objectif est que les juifs peuvent faire entrer les Américains dans la guerre.
Le quatrième objectif : pour les Anglais, il y aura une continuité entre l'Egypte et l'Inde »[331].

De son côté, Winston Churchil déclare :

« La Déclaration Balfour ne doit pas être considérée comme une promesse, faite pour des raisons sentimentales, c'était une mesure pratique prise dans l'intérêt de la cause commune à un moment où le service de cette cause ne pouvait négliger aucun facteur pour la soutenir, matériellement ou moralement ».

Quant à Senar, chef du Comité anglais des Relations extérieures, il affirme : «Je n'ai jamais supporté l'idée

---

[331] - Roger Garaudy, Palestine, terre des messages divins, Paris, Albatros, 1986, 397 p., p. 182-184.

que Jérusalem et la Palestine soient sous le gouvernement des mahométans.
Le fait que Jérusalem et la Palestine, sacrés pour les juifs, et la terre sainte sacrée pour les chrétiens d'Occident, soient entre les mains des Turcs, cela me paraissait pour de longues années, comme une tache sur le front de la civilisation, tache qu'il faut enlever»[332].

La Déclaration Balfour arrive aussi après l'entrée des Américains dans le conflit (1914-1918) aux côtés des Alliés, et après la Révolution bolchevique.

La Révolution bolchevique est contre la poursuite de la guerre, ce qui pousse le chef des Renseignements britanniques à solliciter l'annonce de la Palestine foyer national pour les juifs, afin que les jeunes juifs penchent vers le sionisme, soumis aux Anglais, plutôt que du côté des révolutionnaires russes, hostiles aux Anglais[333].

Enfin l'écrivain anglais Arthur Koestler décrira ainsi la Déclaration :

«C'est un document par lequel une nation promet solennellement à une autre nation le territoire d'une troisième nation, bien que la nation à laquelle était faite la promesse ne fût pas une nation, mais une communauté religieuse, et le territoire, au moment où il était

---

332 - « Deux siècles après la déclaration Balfour », o.c.
333 - Ta'rikh Filastin Al-Hadith (Histoire nouvelle de la Palestine), Abd-al-Wahab Al-Kayyali, Beyrouth, 1985 (9 ème édition), 408 p., p. 83. Il existe une traduction française de ce livre : Histoire de la Palestine 1896-1940, Paris, L'Harmattan, 1985, 267 p. (traduit de l'anglais au français par Anne-Marie Abouelaazem).
Abd-al-Wahab al-Kayyali, historien palestinien, est assassiné par les sionistes en 1981 à Beyrouth. Il avait 42 ans. L'« Histoire de la Palestine : 1896-1940 » est son œuvre la mieux connue du public. L'auteur appuie son récit sur les archives diplomatiques du Foreign Office, des documents privés conservés à la Bibliothèque du Moyen Orient (fondée par Albert Hourani et Roger Owen) du St Anthony's College d'Oxford ainsi que des archives de la Haganah (Service des renseignements sionistes) consacrées à Jérusalem.

promis, appartenait à une quatrième nation : la Turquie»[334].

c-Du côté français

Le ministre français des Affaires étrangères adresse le 14 février 1918 une lettre à Noam Sokolov, représentant des Organisations sionistes, à travers laquelle il approuve officiellement, «un établissement juif en Palestine »[335].

D'autre part, le ministère des Affaires étrangères français diffuse le communiqué suivant :

« M. Sokolov, représentant des Organisations sionistes, a été reçu ce matin au Ministère des Affaires étrangères par M. Stéphen Pichon, qui a été heureux de lui confirmer que l'entente est complète entre les

---

[334] - Palestine, terre des messages divins, o.c. p. 185. Voir également : Histoire nouvelle de la Palestine, o.c. p. 84.
[335] - République française
Ministère des Affaires étrangères
Direction des Affaires politiques et commerciales
Paris, le 14 février 1918.

Monsieur,

Comme il a été convenu au cours de notre entretien le samedi 9 de ce mois, le gouvernement de la République, en vue de préciser son attitude vis-à-vis des aspirations sionistes, tendant à créer pour les juifs en Palestine un foyer national, a publié un communiqué dans la presse.

En vous communiquant ce texte, je saisis avec empressement l'occasion de vous féliciter du généreux dévouement avec lequel vous poursuivez la réalisation des vœux de vos coreligionnaires, et de vous remercier du zèle que vous apportez à leur faire connaître les sentiments de sympathie que leurs efforts éveillent dans les pays de l'Entente et notamment en France.

Veuillez agréer, Monsieur, l'assurance de ma considération.
(signé) Pichon.
Ce texte est adressé à M. Sokolov, Hôtel Meurisse, Paris.
Voir : Déclaration Balfour, o.c. p. 322-323.

gouvernements français et britannique sur la question d'un établissement juif en Palestine »[336].

Mais lors des discussions sur la Paix, à San Remo et à Londres, le gouvernement français « niera qu'il s'agissait d'une approbation officielle de la Déclaration »[337].

A la conférence de San Remo[338], au moment de choisir un mandataire pour la Palestine les Français déclarent :
«Nous acceptons les termes de la Déclaration Balfour, mais nous ne pouvons pas accepter qu'elle soit introduite dans un traité sous la forme indiquée par le gouvernement anglais...

---

336 - J.M.N. Jeffries : The reality (préface de l'auteur datée de fin 1938) traduit de l'anglais à l'arabe sous le titre : Filastin ilaykom al haqiqa, par Ahmad Khalil Al-Hadj, Le Caire (Al Hay'a al misriya al 'amma li-ta'lif wal-nachr), tome 1 (1971, 313 p.), tome 2 (1972, 257 p.), tome 3 (1973, 187 p.), tome 4 (1973, 205 p.), tome 1, p. 286.
337 - Palestine, terre des messages divins, o.c. p. 185.
338 - Avril 1920 : Conférence internationale de San Remo (Italie).
Composition du « Comité supérieur » :
Angleterre, France, Italie, Grèce, Japon, Belgique.
Le Comité fixe le sort des provinces arabes de l'Empire ottoman après la Première Guerre mondiale, et prépare les conditions du traité de paix avec la Turquie, prévu en aout 1920 à Sèvres. Le 24 avril 1920, le Comité place la Palestine sous un mandat du gouvernement britannique. Les Français reçurent un mandat sur la Syrie et le Liban. Les décisions relatives aux territoires ottomans font l'objet du traité de Sèvres. La Société des Nations a confié à la Grande-Bretagne un mandat sur la Palestine pour aider les Juifs à « reconstituer leur foyer national dans ce pays ». Le traité international de San Remo deux Etats :
Un « home National Juif » et l'Émirat de Transjordanie.
La Société des Nations : Ancêtre des Nations Unies, la Société des Nations, proposée par le président américain Thomas Woodrow Wilson, voit le jour en 1919, au lendemain de la première guerre mondiale. Son but est de maintenir la paix dans le monde, en résolvant les conflits par la négociation et l'arbitrage.
Traité de Sèvres (10 aout 1920) :
Au sujet des provinces arabes : La France occupe la Syrie. Les provinces arabes, soulevées en 1916-1918 par la Grande révolte arabe, sont détachées : la Société des Nations met le Liban et la Syrie sous le mandat de la France, et l'Irak et la Palestine sous celui du Royaume-Uni.

Il faut bien établir qu'on veut un Home national pour le peuple juif et non pas un Etat juif en Palestine»[339].

Pour la France, un foyer juif en Palestine rend difficile l'application des accords Sykes–Picot.
Les Français pensent que «le mouvement sioniste est de caractère très mystique, et peut-être les Alliés ont-ils encouragé cela. Mais du point de vue pratique, ils l'ont accepté comme un moyen d'assurer le salut d'un grand nombre de juifs qui sont malheureux en Russie et en Europe centrale. En réalité, il est probable que la grande majorité de ces prétendus juifs ont bien peu de sang réellement juif dans les veines».

En fait, selon Lloyd George, la Déclaration Balfour n'a jamais été acceptée par le gouvernement français et n'a jamais été admise comme devant être la base de la future administration de la Palestine[340].

d-Du côté italien

De son côté, l'ambassadeur d'Italie à Londres adresse en mai 1918 à Noam Sokolov, représentant des Organisations sionistes, un message dans lequel il déclare que :

« L'Italie est d'accord pour faciliter l'établissement en Palestine d'un centre national israélite ».

On notera que le message italien évoque les droits politiques des Palestiniens[341].

---

[339] - Henry Laurens, Revue d'Etudes Palestiniennes, num. 51, printemps 1994, p. 127.
[340] - Déclaration Balfour, o.c. p. 368-369.
[341] - Lettre de M. Imperiali à M. Sokolov (déclaration du gouvernement italien) Londres, le 9 mai 1918 :
« Conformément aux instructions de Son Excellence, le baron Sonnino, ministre des Affaires étrangères de Sa Majesté, j'ai l'honneur de vous informer qu'en ce qui concerne vos revendications, le gouvernement de Sa Majesté est heureux de confirmer la déclaration qu'il a faite par l'intermédiaire de ses représentants à Washington, à La Haye et à Salonique, suivant laquelle ceux-ci feront tout ce qui sera en leur pouvoir pour faciliter l'établissement en Palestine d'un

En fait, les Italiens comme les Français mettent un bémol à leur engagement antérieur.
Le ministre des Affaires étrangères italien, Baron Sonnino, déclare qu'il est prêt à « faciliter l'établissement en Palestine d'un Centre National Hébreu, étant entendu que, rien ne sera fait au préjudice du statut juridique et politique des communautés religieuses existantes »[342].

Pour les deux puissances, la France et l'Italie, la Déclaration Balfour doit s'exercer dans le cadre d'une Palestine internationalisée, comme cela est prévu par les Accords Sykes-Picot.
Mais les revirements dans les positions françaises et italiennes ne sont que des attitudes diplomatiques lors des négociations de paix.

e-Du côté américain

Quant aux Etats-Unis, ils ne prennent aucune position publique, le président Wilson ayant participé à la rédaction de la Déclaration Balfour[343].
En janvier 1918, les Etats-Unis pensent qu'une complète souveraineté doit être assurée à la partie turque

---

centre national israélite, étant bien entendu que les droits civils et politiques des communautés non juives en Palestine, ainsi que le statut légal ou politique des juifs dans les autres pays ne seront pas pour cela modifiés ». Voir : MAE (Ministère des Affaires étrangères), E Levant Palestine, 1930-1940, LXIV 2.
La précision sur les droits politiques gêne toujours l'historiographie sioniste : Renée Neher-Berheim, par exemple, ne parle 'que' d'une déclaration (italienne) analogue à celle des Français et des Britanniques. Voir : La Déclaration Balfour, 1917 : Création d'un foyer national juif en Palestine présentée par Renée Neher-Bernheim, Paris, 1969, 473 p. 323).

342 - Palestine, terre des messages divins, o.c. p. 185.

343 - Selon Weizmann « l'intention de Brandeis était d'obtenir du président Wilson qu'il exprimât publiquement ses sympathies. Il ne réussit pas. Mais le 16 octobre 1917, le colonel House, agissant au nom du Président, câbla au gouvernement britannique que l'Amérique soutenait la formule de la Déclaration...ce qui décida le gouvernement britannique à publier sa déclaration ».
Voir : Weizmann Chaïm, Naissance d'Israel, Paris, 1977, 551 p., p.243.

de l'actuel Empire ottoman, ainsi qu'une assurance et un développement autonome pour les autres nations. Mais, dès que l'Empire ottoman s'effondre, Wilson déclare (août 1918) : « je pense que les Alliés ont décidé la fondation de l'Etat juif en Palestine avec un soutien complet de nos gouvernements et de nos peuples»[344].

e-Du côté japonais

A San Remo, au moment de désigner un mandataire pour la Palestine, l'ambassadeur japonais, M. Matsui, déclare qu'il ne se rappelle pas si son gouvernement avait accepté la «Déclaration Balfour», mais il se souvient d'une correspondance entre les représentants sionistes qui se trouvaient à Shangaï, et le gouvernement japonais.
Le gouvernement japonais, ajoute l'ambassadeur, avait consulté les Anglais et avait accepté l'établissement du « Home national juif en Palestine ». Mais il ne sait pas si son gouvernement était tombé d'accord sur les termes mêmes de la Déclaration Balfour.
L'ambassadeur japonais M. Matsui fait une réserve à ce sujet[345].

En conclusion

La « Déclaration Balfour » concerne un territoire sur lequel l'Angleterre n'avait aucun droit.
De plus, cette Déclaration fait référence aux «Collectivités non-juives », qui représentent, à cette époque, 92% de la population de la Palestine.

---

[344] - La question de Palestine, tome 1, o.c. p.353.
[345] - La déclaration japonaise se trouve au MAE E Levant Palestine 1930-1940, LXIV, 2, dossier sur le sionisme : « Le gouvernement japonais a pris connaissance avec satisfaction des efforts du peuple juif en vue d'obtenir la création d'un Foyer national en Palestine.
Il envisage, avec un bienveillant intérêt, la réalisation de ces désirs, d'après les propositions faites dans ce but ».
L'ambassadeur du Japon, M. MATSUI, a ajouté en personne, que le 31 décembre 1917, son gouvernement avait fait parvenir à l'organisation sioniste de Shangaï une déclaration analogue.
Voir: Henry Laurens, Revue d'Etudes Palestiniennes, num. 51, printemps 1994, p. 126-127.

2- Annexe : La position du Premier ministre anglais Lloyd George à propos de l'expression : « foyer national juif » de la Déclaration Balfour

Lloyd George :

« On a beaucoup discuté sur la signification des mots 'Jewish National Home', et en particulier si cela impliquait l'établissement d'un Etat national juif en Palestine. J'ai déjà cité les termes propres employés par M. Balfour lorsqu'il soumit la Déclaration au cabinet pour approbation.
Ces termes ne furent, à l'époque, discutés par aucun des présents, et il ne pouvait y avoir aucune équivoque sur les intentions du Cabinet. On ne pensait pas qu'un Etat juif pourrait être immédiatement établi par le traité de paix, sans qu'on en eût référé aux voeux de la majorité de la population.
Mais d'un autre côté, il avait été prévu que lorsque le moment serait arrivé d'accorder à la Palestine des institutions représentatives, si les juifs avaient dans l'intervalle tiré parti de l'opportunité qui leur était offerte par la perspective d'un foyer national et étaient devenus une réelle majorité dans le pays, alors la Plalestine deviendrait un (Jewish Commonwealth).
L'idée que l'immigration juive dût être réglementée artificiellement, afin de s'assurer que les juifs resteraient en permanence une minorité ne vint jamais à l'esprit d'aucun de ceux qui mirent au point cette législation.
Cela aurait été considéré comme une fraude et une injustice à l'égard de ce peuple sur lequel nous comptions »[346].

Par ailleurs, George Lloyd ajoute, dans son livre « La vérité sur les traités de paix » (Londres, 1938), que les intentions des Alliés à propos de la Palestine jusqu'en 1916 sont basées sur les accords Sykes-Picot,

---

[346] - Déclaration Balfour, o.c. p. 367. Selon Lloyd George, The Truth, tome2, p. 1138-1139).

c'est à dire que les provinces arabes éclateront en plusieurs parties et il n'existera plus de Palestine »[347].

Fin du Chapitre_19

---

[347] - « Deux siècles après la déclaration Balfour », o.c.

Après l'entrée des Anglais à Al-Quds (Jérusalem) la résistance palestinienne contre l'occupant s'organise sous l'égide de Moussa Al-Hussayni, maire d'Al-Quds (Jérusalem)

Chapitre_20

La Palestine livrée par les Anglais aux juifs, contrairement aux Accords Sykes-Picot et aux Accords Hussayn-MacMahon.
La résistance armée palestinienne s'organise.

Lorsque le général anglais Allenby entre à Jérusalem, il dit : « Maintenant se terminent les Croisades ».

@@@

1- L'occupation de la Palestine, l'entrée de l'armée anglaise et d'une brigade juive à Al-Quds (Jérusalem)
2- Au lendemain de l'entrée des Anglais à Al-Quds (Jérusalem)
3- Attitude des sionistes au lendemain de la «Déclaration Balfour»

@@@

1- L'occupation de la Palestine. L'entrée de l'armée anglaise et d'une brigade juive à Jérusalem

La Palestine est le théâtre d'importantes batailles entre les Ottomans et les Anglais pendant la guerre : Khan Younès, Rafah, Gaza, etc.
Les Anglais bombardent les villes côtières de Palestine, ce qui oblige les populations à se réfugier à l'intérieur des terres.
Les Ottomans repoussent plusieurs attaques des Anglais contre Gaza : le 26 mars 1917 (4000 anglais entre tués, blessés et prisonniers) et le 19 avril (6000 pertes anglaises).
Suite à ces échecs, le général anglais Murray est relevé de son commandement. Il est remplacé le 28 juin 1917 par le général Edmund Allenby.

Le Premier ministre Lloyd George donne l'ordre au général Allenby de prendre Jérusalem et l'«offrir en ca-

deau de Noël à la nation britannique »[348].
Lorsque Allenby entre à Al-Quds (Jérusalem), il dit :
« Maintenant se terminent les Croisades »[349].

Mark Sykes organise la cérémonie de l'entrée des Anglais à AlQuds (Jérusalem)[350].
Le 11 décembre 1917, le général Allenby entre à Jérusalem à pied par la porte de Yafa (Jaffa).
Le général est suivi par les français Georges Picot et le capitaine Louis Massignon. Ce dernier fait participer au défilé un détachement français, en faisant déployer quelques drapeaux français.
« La Légion juive (sous commandement anglais) entre elle aussi dans la ville. Une nouvelle brigade juive formée sur place, s'y joint »[351].
Les Arabes sont exprès exclus des cérémonies[352].

---

[348] - Lawrence d'Arabie, le lévrier fatal 1888-1935, Vincent-Mansour MONTEIL, Paris, Hachette, 1987, 331 p., p. 127. Voici ce que dit Vincent-Mansour MONTEIL du général Allenby : « En Palestine, Allenby, ce « gentil » (goy) était devenu un sioniste enthousiaste, et beaucoup plus tard, en 1947 ou 1948, il aurait, dit-il, tué 3 Arabes à Haïfa », Ibid, p. 128.

[349] - « Deux siècles après la déclaration Balfour » (en arabe), Ibrahim Hammami, professeur palestinien, voir : AlQuds al'araby, quotidien arabe édité à Londres, 12 nov. 2004. Les Anglais entrent en Palestine par Bir as-Sab' (fin oct. 1917), Yafa (Jaffa) (16 nov.), Al-Quds (Jérusalem) (9 déc.), et toute la Palestine du Sud (fin janv. 1918).

[350] - Pour son entrée à Jérusalem, Allenby prévoit de monter à cheval, mais Sykes (fervent catholique), l'en dissuade : « Au cas où Jérusalem serait occupée, il serait d'une importance considérable qu'à votre entrée officielle dans la ville vous descendiez de cheval devant la porte et entriez à pied. Un Empereur d'Allemagne a fait son entrée à cheval et la voix populaire rappela qu'un homme meilleur que lui avait marché ». Lawrence d'Arabie, le lévrier fatal 1888-1935, o.c. p. 182. (Il est fait allusion à la visite officielle en 1898 de l'Empereur d'Allemagne Guillaume II au Sultan Abdul-Hamid II et au cours de laquelle il se rendit à Jérusalem. Et « l'homme meilleur » est le Christ.

[351] - Voici la Palestine, Hussayn Triki, Tunis, 1972, 333 p., p. 126 (traduit de l'arabe par Hachemi SEBAI en collaboration avec l'auteur). Triki cite Y. Tolkowsky, rédacteur en chef des « Annales Israéliennes » (T. 1950-1951, p. 26) qui dit, entre autres, que « La Palestine était nettoyée des forces ennemies ».

[352] - Rachid Khalidi, L'identité palestinienne, Paris, La Fabrique, 2003, 402 p., p. 260.

Comme les Anglais considéraient que la Palestine devait leur appartenir, pour y accueillir un foyer national pour les juifs, ils avaient déjà empêché, pendant les combats, l'armée arabe de Fayçal (pourtant alliée des Anglais) de rentrer en Palestine.

Selon George Picot :
« Peu nombreuse et presque exclusivement composée de non-musulmans, la population témoignait sa satisfaction, sans cependant se livrer aux démonstrations habituelles en Orient »[353].

Devant la citadelle de la ville de Jérusalem, Allenby proclame la loi martiale, c'est à dire l'administration militaire de la ville et de son voisinage[354].
A la fin du défilé, de retour au quartier général et pendant un lunch, Picot déclare :
« Dès demain, mon cher général, je prendrai les mesures pour établir, dans cette ville, un gouvernement civil »...Allenby rétorque durement : « Il n'existe dans la zone militaire qu'une seule autorité, le général commandant en chef, moi-même ».
Mais, ajoute Picot, Sir Grey, Sir Edward Grey...», Allenby lui coupe la parole « Sir Edward Grey avait en vue le gouvernement civil qui s'établira quand j'aurai jugé que la situation militaire l'autorise »[355].

La prise de Jérusalem est célébrée en Europe, en particulier en France, Grande-Bretagne et Italie comme

---

353 - Henry Laurens, La question de Palestine, tome 1 : 1799-1922, Paris (Fayard), 1999, 719 p., p. 374.
354 - Le gouvernement britannique de la Palestine est militaire jusqu'en 1920. Le pays est dénommé « Administration d'un territoire ennemi occupé ».
Voir:Rachid Khalidi, L'identité palestinienne, o.c. p. 246. Ronald Storrs fut gouverneur de Jérusalem de 1917 à 1920, puis gouverneur de Judée jusqu'en 1926.
Ronald Storrs, ainsi que Lloyd George, Mark Sykes, Hoggarth et MacMahon sont les principaux acteurs anglais de l'occupation des provinces arabes. C'est Storrs qui introduit Lawrence en Arabie.
355 - T.E. Lawrence, Les Sept piliers de la sagesse, Paris, Petite bibliothèque Payot, 1973, 437 p., p. 183.

une revanche des Croisades.
Des « Te Deum » sont chantés un peu partout.
En France, le « Gouvernement de la République » fait chanter un «Te Deum» à Notre-Dame de Paris « pour la délivrance de Jérusalem du joug des Turcs ».
Ces manifestations, choquantes pour les musulmans, font dire au ministre français des Affaires étrangères, via une circulaire adressée aux pays musulmans :
« Il ne s'agit pas d'une victoire purement chrétienne, mais aussi d'une libération des musulmans arabes du joug des Turcs »[356].

Le Vatican qui ne prend pas officiellement position sur la prise d'AlQuds (Jérusalem) par les Anglais se réjouit en revanche, que la ville ne soit pas tombée entre les mains de la Russie, car il espère que « les Anglais sauront tenir compte des droits des catholiques en Palestine »[357].

L'embryon de l'armée sioniste

L'entrée des Anglais en Palestine permet, déjà, aux juifs leur installation de fait dans ce pays. C'est l'Angleterre qui forme l'embryon de la future armée juive, car la «Légion Juive» participait déjà sous le commandement anglais à l'occupation de la Palestine.
Ainsi, la Légion Juive entre en même temps que l'armée anglaise à Jérusalem.

Les sionistes préparent depuis longtemps la constitution d'un Etat juif en Palestine, et ils ont commencé à s'armer bien avant la Déclaration Balfour.

Des sionistes russes ont pensé à la création d'une armée sioniste pour participer à la guerre au Moyen-Orient, aux côtés des Anglais. Il s'agit de Josef Trumbeldur et de Vladimir Jabosinsky qui se rencontrent en Egypte (occupée par les Anglais depuis 1882).

---

[356] - La question de Palestine, tome 1, o.c. p. 374-375.
[357] - Ibid, tome 1, p. 380-381.

Josef Trumbeldur séjourne dans le kiboutz « Daghaniya » en 1912 et fait partie des « Hachumir »[358].
Quant à Vladimir Jabosinsky, il est, à la veille de la guerre 1914-1918, un propagandiste sioniste à Istanbul. Il parvient avec l'accord du ministère britannique de la guerre à mettre sur pied le « Zion Mule Corps » (Corps des Muletiers de Sion), unité combattante juive au sein de l'armée britannique.
Cette unité s'active déjà en 1916 sur le front de Ghalibuly[359].

Par ailleurs, l'entrée des Américains dans le conflit favorise le mouvement sioniste qui peut alors recruter des juifs américains.
Enfin, c'est en 1917 que les sionistes mettent sur pied la « Légion Juive ». Celle-ci comprend 6400 soldats : juifs américains, juifs anglais et juifs de Palestine expulsés, pendant la guerre, par les Ottomans et qui se sont réfugiés en Egypte.
(Ben Gourion, le futur Premier ministre d'Israel faisait partie de ces expulsés).
La Légion reste sous l'autorité anglaise jusqu'en 1919 où elle sera dissoute. Ce corps transmettra son expérience et ses connaissances militaires à la société juive.

En 1918, Josef Trumbeldur met sur pied en Russie un mouvement de jeunes de plus de 18 ans prétendant à l'émigration en Palestine, les « Hihaluts ».

---

358 - Vladimir Jabotinsky, qui était le correspondant d'un journal russe à Alexandrie, était un familier d'Alexandre Kerensky (Chef de l'opposition socialiste russe au régime de Nicolas II).
« Hachumir » (Le Gardien) : des groupes issus de cette association créée au début du 20 ème siècle par les colons juifs en Palestine.
Ces groupes terrorisaient les paysans palestiniens, contrairement à la propagande sioniste qui disait que ces groupes étaient en bonnes relations avec ces paysans. Ces atrocités sont révélées par le chercheur Ghur Arrou'i de l'Université de Haifa en Palestine occupée.
Voir : Al-Quds Al Araby, quotidien arabe édité à Londres, 30 septembre 2009.
359 - Nathan Weinstock, « Le mouvement ouvrier juif en Palestine avant 1914 », Revue d'Etudes Palestiniennes, Paris, num. 12, été 1984, p. 51-63, p. 61.

Il exerce ces jeunes à la guerre (en plus de la formation en agriculture, et de l'apprentissage de la langue hébraïque).
Ce mouvement se développe en Europe centrale et orientale et aux USA ; il constituera le réservoir pour la colonisation agricole et non agricole[360].

2- Au lendemain de l'entrée des Anglais à Al-Quds (Jérusalem)

La révélation des Accords Sykes-Picot, de la Déclaration Balfour et l'occupation de leur pays par l'Angleterre (qui a exprimé son soutien aux sionistes) affectent les Palestiniens.
La guerre 1914-1918 a un effet dévastateur en Palestine. La baisse de la population est estimée à 6% en un peu plus de 4 ans (sachant que la population palestinienne augmentait de 2%/an avant la guerre)[361].

Contrairement au projet initial, les Anglais refusent de donner au Chérif Hussayn de la Mekke un rôle dans la gestion des Lieux Saints musulmans de Jérusalem.
Car Hussayn est reconnu par les Alliés comme «Roi du Hedjaz» et non «Roi des Arabes».
De plus, l'Angleterre ne veut pas d'un royaume arabe uni, car elle se réserve l'Iraq comme bouclier de protection de l'Inde qu'elle occupe.

Les Anglais refusent également l'"internationalisation' de la Palestine prévue dans les accords Sykes-Picot.
Cette attitude vise la France qui dans le cas de l'internationalisation, maintiendrait sa protection des catholiques et des Lieux-Saints chrétiens du pays.

---

[360] - « Bina' ad-dawla al yahudiyya 1897-1948 : al adat al «askariyya», (La construction de l'Etat juif 1897-1948 : les outils militaires), Walid Khalidi, Majallat ad-Dirasat al Filastiniyya, Beyrout, numéro 39, été 1999, p. 65-103, p. 71-72.
[361] - Rachid Khalidi, L'identité palestinienne, o.c. p. 243 (selon McCarthy Justin, The Population of Palestine : Population Statistics of the Late Ottoman Period and the Mandate, Columbia University Press, New York, 1990, p. 25-27).

Les Anglais pensent ainsi rester seuls aux commandes de la Palestine.

Enfin, la guerre n'a pas ralenti le développement des implantations de colonies juives en Palestine.
On compte 40 colonies en 1916, et 44 (avec 10.105 colons) fin 1918[362].

Après la Déclaration Balfour et l'instauration du mandat sur la Palestine, les autorités d'occupation anglaises séparent les communautés palestiniennes en interdisant, par un décret militaire, aux chrétiens de pénétrer dans les mosquées et les musulmans dans les églises et les couvents. Ainsi, cesse la convivialité qui existait entre les différentes communautés à Jérusalem autrefois[363].

Mais, l'entente des sionistes avec les Britanniques entraîne la spécificité de la résistance palestinienne, qui se développe simultanément contre les sionistes et les Anglais.
Les Anglais affrontent « l'espace politique palestinien avec une sorte de lance à deux fers – l'Etat du mandat

---

[362] - Les 40 colonies de 1916 sont une estimation de l'«Arab-Bureau» ». Voir : Docteur Khayriyya Qasmiyya, « AlMuqâwama al'arabiyya lisahyunuiyya awakhir al'ahd al'uthmani 1908-1917 - alittijahat arraïsiyya » (« La résistance arabe au sionisme »), in Revue d'Histoire Maghrébine, Tunis, numéro 29-30, 1983, p. 373-394, p.378.
L'Arab-Bureau est fondé au Caire en février 1916 par les Britanniques pour servir leurs intentions (le Bureau est formé de chercheurs anglais, orientalistes, voyageurs, archéologues, espions, etc.).
Quant à l'estimation de 1918, voir : Amine Mahmud 'Ataya, « Al istaytan as-sahyuni fi Filastin : 1882-1991 » (La colonisation sioniste en Palestine), Al-Wahda, Rabat, num. 99, décembre 1992, p. 43-60, p. 47-48.
Les emplacements de ces colonies sont stratégiques : le long du chemin de fer entre Yâfâ (futur Tel-Aviv) et Al-Quds (Jérusalem), et à Aj-Jalil (Hébron).
Ces colonies encerclent la région palestinienne la plus peuplée.

[363] - «Al-Hadatha fil-Quds al-uthmaniyya : al-muthakkirat al-jawhariyya 1904-1917», Majallat ad-Dirasat al Filastinyya (Revue d'Etudes Palestiniennes), automne 2000, p. 69-96, p. 20.
Il s'agit d'une étude sur les Mémoires de Waçif Jawhariyya, chrétien orthodoxe palestinien.

ET le mouvement sioniste potentiellement Etat juif », et l'homme politique palestinien «devait réussir à maîtriser une certaine adresse dans la répartition de sa riposte»[364].

Juste après l'entrée des Anglais à Jérusalem, la résistance palestinienne contre l'occupant s'organise sous l'égide de Moussa Al-Hussayni, maire d'Al-Quds (Jérusalem).

Son fils, Amine Al-Hussayni, parcourt la Palestine occupée et arrive à recruter un mouvement de volontaires de 2.000 personnes ; c'est un exploit dans un pays meurtri par la guerre et les privations[365].

Enfin, le souvenir de la Déclaration Balfour (1917) est toujours vivace chez les Arabes et en particulier chez les Palestiniens. La Déclaration est dénoncée à chaque anniversaire, le 2 novembre.

Voici quelques exemples :

Plusieurs poètes palestiniens ont écrit sur les conséquences de la Déclaration Balfour particulièrement sur l'immigration juive qui s'abat sur la Palestine comme un déluge :
Il s'agit, entre autres, du poète Ibrahim Touquan de Naplouse né douze ans avant la Déclaration, du poète martyr Abd-Rahim Mahmud. Celui-ci composera plusieurs poèmes, dont un portera le titre «La Déclaration Balfour» et un autre, celui de « Poème satirique sur le souvenir de la Déclaration Balfour ».
Ce dernier poème est déclamé à l'hôtel « Palestine » en 1947.

---

[364] - Elias Sanbar, Palestine 1948 : l'expulsion, Institut des Etudes Palestiniennes, Washington, 1984, 236 p., p.22.
[365] - Yaqdhat Al-'Arab (Le réveil arabe), Georges Antonius, Beyrouth, 1987, 653 p., p. 340-341.
L'original de l'ouvrage en anglais (The Arab Awakening, Lippincott, Philadelphie, USA, 1939) est traduit à l'arabe par Nasr adDin Al Asad et Ihsan 'Abbas sous le titre (Yaqdhat Al-'Arab : Ta'rikh harakat al'Arab alqawmiyya, Beyrouth, Dar al'ilm lil malayin).

Citons également le poète Yahya Barzaq[366].
En Palestine, précisément en Cisjordanie occupée, le 2 nov.1987, soit un mois avant le début de la 1ère Intifadha (déc. 1987), la Déclaration est dénoncée lors de nombreuses manifestations[367].

La « Déclaration Balfour » plonge la Palestine dans le plus long et le plus douloureux conflit depuis 1917.
En 2016, la Conservatrise Theresa May, Première ministre britannique, a déclaré, lors du déjeuner organisé par l'« Association des Amis Conservateurs d'Israel », que la Déclaration affirme « le rôle vital de la Grande-Bretagne dans la création d'une patrie pour le peuple juif un souvenir que nous célébrerons avec fierté l'année prochaine (2017)»[368].
El le 2 novembre 2017, pour célébrer le centenaire de la Déclaration, Theresa May a invité à un diner le Premier Ministre israélien, Benyamin Nethanyahou, et au moins 150 personnalités.
A cette occasion, Theresa May a déclaré que «la Grande-Bretagne est fière de son rôle pionnier dans la création de l'Etat d'Israel »[369].

Les Palestiniens dénoncent à chaque anniversaire depuis 1917, particulièrement cette année du centenaire, la Déclaration Balfour qu'ils considèrent de « mauvaise augure ». Ils dénoncent également l'arrogance avec laquelle est célébré le centenaire.
D'impotantes manifestations palestiniennes, tous partis confondus, ont eu lieu aussi bien en Palestine, sous occupation isrélienne, qu'en dehors de Palestine où

---

366 - « Deux siècles après la déclaration Balfour », o.c.
367 - Al-Yom Assabih, hebdomadaire en arabe, édité à Paris, 9 novembre 1987.
368 - « Al-Quds al'Arabi », quotidien arabe édité à Londres, 1er novembre 2017.
369 - theguardian.com (2 nov. 2017). Parmi les invités, était présent l'arrière petit neveu de Lord Balfour, Roderick Balfour, 68 ans. « Celui-ci a un regard plutôt critique sur ce qui a suivi la signature du texte par son aïeul. Sa mise en œuvre a été "déséquilibrée" pense-t-il ». Voir : europe1.fr (2 nov. 2017).

vivent plus de 6 millions de Palestiniens qui ne bénéficient pas du droit au retour, malgré les diverses résolutions de l'ONU.

Toutes ces manifestations dénoncent la responsabilité de l'Angleterre dans la situation palestinienne, depuis un siècle.

3- Attitude des sionistes au lendemain de la Déclaration Balfour

Avant la Déclaration Balfour, les sionistes parlaient de rapports palestiniens-juifs et préconisaient même, en 1914, une alliance tripartite, arabo-judéo-turque.
Smilansky, le chef de l'Union des agriculteurs juifs en Palestine, écrit en janvier 1914 un article intitulé : «Dans la Patrie» (avec le sous-titre) « Nos actions les feront se rapprocher, nos actions les feront s'éloigner »[370].

Mais, au lendemain de la Déclaration, les sionistes annoncent la couleur et ce qui jusque-là était théorique, commence à se réaliser :
Une première manifestation a lieu à Londres. Une rencontre importante, organisée par les sionistes en présence de plusieurs responsables et d'un représentant du gouvernement anglais, se déroule début déc. 1917 à « Kuftan Garden ».

---

370 - « Il n'y a pas, à mon avis, dit Smilansky, d'antagonisme naturel entre l'aspiration nationale arabe et l'aspiration nationale juive. Il n'y en a pas, parce que la terre de notre espérance n'est qu'un petit coin au milieu des vastes pays dans lesquels le peuple arabe est de par son nombre l'élément décisif. Il n'y en a pas pour nous, parce que la perspective dans laquelle nous envisageons notre avenir, n'est pas politique, ni étatique, mais bien économique et culturelle.
L'autonomie au sens économique et culturel, tel est notre idéal maximal. Et la Palestine, du fait qu'elle est économiquement et culturellement le pays des juifs, sera un rapport substantiel à la fédération turco-arabe à venir ».
Voir: Naissance du Sionisme politique présenté par Yohanan Manor, Paris, 1981, 278 p., p. 227-228.

Un des responsables sionistes, Docteur Gaster, fait un discours très clair. Et aucun des présents non-juifs ne réagit à ce discours[371].

Gaster déclare que ce que veulent les sionistes en Palestine, ce n'est pas seulement le droit de construire des colonies ou d'établir des centres de culture, d'éducation ou d'artisanat, mais d'établir un Commonwealth juif indépendant.

Nous voulons, dit-il, une Palestine juive et non une Palestine pour les juifs. Nous voulons que sa terre soit la terre d'Israel et il faut que sa terre soit la nôtre[372].

Quelques jours après cette réunion, Mark Sykes qui n'ignore pas les échos négatifs provoqués par la publication de la Déclaration Balfour, essaye de clarifier la situation. Il organise le 5 décembre 1917 un grand meeting à Manchester dans le but, selon lui, d'apaiser les craintes arabes.

Dans son discours, Sykes dit qu'il ne faut pas oublier le point de vue arabe !

Au cours du meeting de Manchester, les sionistes affirment que le succès de l'entreprise sioniste passe, nécessairement par une entente entre juifs et Arabes. Les dirigeants sionistes, Sokolov et Weizmann, avancent des arguments faisant référence à la parenté sémite des juifs et des Arabes.

De plus, ajoutent ces dirigeants, l'action des sionistes enrichira la Palestine et permettra aux deux peuples de vivre ensemble.

Sokolov rappelle à l'assistance, ce qu'il a dit au pape le jour de sa réception par celui-ci (10 mai 1917) :

---

371 - J.M.N. Jeffries: The reality (préface de l'auteur datée de fin 1938) traduit de l'anglais à l'arabe sous le titre : Filastin ilaykom al haqiqa, par Ahmad Khalil Al-Hadj, Le Caire (Al Hay'a al misriya al 'amma li-ta'lif wal-nachr), tome 1 (1971, 313 p.), tome 2 (1972, 257 p.), tome 3 (1973, 187 p.), tome 4 (1973, 205 p.), tome 2, p. 5-8. C'est dans le domicile de Gaster qu'a eu lieu la première rencontre anglo-sioniste officielle de février 1917, voir: Chapitre_16 : Rencontres des sionistes avec des Européens au plus haut niveau pendant la guerre 1914-1918.

372 - Jeffries, tome 2, o.c. p. 8.

« La Palestine est la terre même d'où doivent disparaître tous les conflits religieux.
C'est là que nous devons nous rencontrer, en tant que frères, c'est là que nous devons apprendre à nous aimer les uns les autres »[373].
Que de bonnes intentions dans le meeting de Manchester et que de contradictions entre les déclarations des uns et des autres !

Après la « Déclaration Balfour » Weizman déclare que le sionisme a pour objectif de rendre la Palestine juive comme les Etats-Unis sont américains et l'Angleterre anglaise[374].

La dernière semaine de décembre 1917, une réunion du Comité du Fonds national juif se tient en Angleterre pour estimer les besoins du projet sioniste[375].
Un responsable déclare que cette génération « juive » doit installer le fondement de la société, mais que le Comité doit prendre en considération l'implantation de 2 millions de juifs, avec la création de 800 ou 1.000 villes, villages[376].

Selon Weizman, avant la Déclaration Balfour, le mandat britannique demandé par les sionistes n'était pas autre chose qu'une couverture.

En vérité, les juifs prennent le pays et pendant dix ou quinze ans ils agiront sous l'ombre d'un protectorat britannique.
La vision de Weizmann s'avère contraire aux propos des sionistes tenus pendant le meeting de Manchester concernant les relations sionistes-Arabes [377].

---

[373] - La question de Palestine, tome 1, o.c. p. 377-380.
[374] - Yaqdhat al'Arab, o.c. p. 522.
[375] - En 1901, création du « Keren Kayemeth » (Fonds national juif), organisme chargé par l'« Association juive mondiale » d'acquérir des terres. Les terres ainsi acquises devront rester juives de façon inaliénable, et seuls des juifs y seront employés.
[376] - Jeffries, tome 2, o.c. p. 9.
[377] - Jeffries, tome 1, o.c. p. 232.

Enfin, à la première réunion du «Zionist Action Committee», (Conseil Général sioniste) de l'après-guerre (Londres, févr. 1919), des tensions intérieures se font jour.

Weizmann y expose la situation du sionisme en disant que la Déclaration Balfour n'était qu'une esquisse, car certains sionistes du continent étaient venus à la réunion « avec des noms préparés à l'avance pour le «Cabinet», qui, comptaient-ils serait élu à Jérusalem »[378].

Fin du Chapitre_20

(Voir ci-dessous la Bibliographie)

@@@

---

[378] - Naissance d'Israel, o.c. p. 279-280.

Bibliographie

Révolte arabe

+ Amine Saïd, Athawra al'arabyaa al kubra (La Grande révolte arabe), Le Caire (éd. Madbouly), sans date, 3 tomes.

+ « La première circulaire de la Grande révolte arabe et sa distribution en Afrique du Nord », Suleiman Moussa, Revue d'Histoire Maghrébine, Tunis, 1977, n° 7-8, p. 227-268.

+ « Documents sur les étudiants maghrébins à l'Université Al-Azhar au Caire durant les années 1916-1918 », A. Témimi, Revue d'Histoire Maghrébine, num. 69-70, mai 1993, p. 245-261.

+ « Le gouvernement du Chérif Hussayn au Hidjaz », A. Témimi, Revue d'Histoire Maghrébine, n° 83-84, juillet 1996, p. 753-794.

+ Note de lecture (Aljazeera.net (22/04/2003) du livre (en arabe) : le roi Fayçal ibn Hussayn fondateur du pouvoir arabe (al hukm) en Syrie et en Iraq, par Hadi Hussayn ʻAlyawi, Beyrouth (Ryad ar-ris lil kutub wa al-nashr), 2003, 347 p.

+ Rôle de Mirghani dans les préparatifs de la Révolte arabe de juin 1916 (en arabe), Jassim Mohammad Daher (Universitaire libyen), in Arab Historical review for Ottoman Studies, num 22, sept. 2000, p. 93-108.
Selon le Forein Office 371-6237 num. 10812, Summary of Historical Documents from the outbreak of the 1916, Arab war between Great Britain and the Turkey, 1914. Et Selon le Forein Office 141/587/547 Translation of Memorandum from Ali Mirghani, 6 may 1915.

+ Commentaires du livre de Bifn Izst : La Palestine, les juifs iraquiens et la Révolution du Chérif. Voir : 'Ala'-ad-Din adh-Dhahir, iraquien résidant en Hollande, commentaires parus dans « Al-Quds al-'Arabi » (quotidien arabe édité à Londres) des 2 et 3 mai 2002.

+ Organisations arabes revendiquant l'autonomie voire l'indépendance des provinces arabes de l'Empire ottoman :
-«Al-Muntada al-Adabi» (Forum Littéraire) (1909) ;
-«Al-Qahtaniyya» (Association secrète fondée par un officier

arabe de l'armée ottomane (1909) ;
-«Jam'iyyat al-Arabiyya Al-Fatat» (Association des Jeunes Arabes) (1911) ;
-« Hizb Allamarkaziyya al-Idariyya al-Uthmani » (Parti ottoman pour la Décentralisation) (1912) ;
-Le « Comité Islah » (Réforme) (1913) ;
-«Jam'iyya al-'Ahd» (Le serment) (1913), etc.

Arabes

+ Pour une histoire profane de la Palestine, Lotfallah Soliman, Paris, La découverte, 1988, 210 p.

+ Palestine, terre des messages divins, Roger Garaudy, Paris, Albatros, 1986, 397 p.

+ Wathaïq Filastin: mi'atan wathamanuna wathiqa mukhtara 1839-1987 (Documents, Archives sur la Palestine : 280 documents choisis: 1839-1987), Daïrat ath-thaqafa (O.L.P), 1987, 486 p. Voir les documents, Paris, Institut du Monde Arabe.

+ Ta'rikh Filastin Al-Hadith (Histoire nouvelle de la Palestine), Abd-al-Wahab Al-Kayyali, Beyrouth, 1985 (9-ème édition), 408 p.
Traduction française de l'anglais par Anne-Marie Abou-al-Azem: Histoire de la Palestine 1896-1940, Paris, L'Harmattan, 1985, 267 p.

+ Tard al-Filastiniyyin : mafhum at-tansfer fil fikr wa at-takhtit as-sahyuniyyin, 1882-1948 (Concept sioniste du transfert des Palestiniens), Nur-adDin Muçalha, Mu'assassat ad-Dirasat al-Filastiniyya (Institute of Palestine Studies), Beyrouth, 1992, 293 pages.

+ Yaqdhat Al-'Arab (Le réveil arabe), Georges Antonius, Beyrouth, 1987, 653 p. C'est la traduction de l'anglais à l'arabe de : The Arab Awakening, Georges Antonius, Lippincott, Philadelphie, USA, 1939.

+ « Dawr assahafa al-'arabiyya fi muqawamat assahyouniyya (Le rôle de la presse arabe dans la lutte contre le sionisme 1897-1914), Docteur Ismaïl Ahmad Yaghi.
Voir : Revue d'Histoire Maghrébine, Tunis, numéros 57-58, juillet 1990, pp. 523-561.

+ « Dawrat Ma'had al-i'dad al-i'lami hawl as-sira' al-'arabi assahyuni » (Table ronde sur le conflit arabo-sioniste), Naçir Chamaly, Damas, 21 juillet-2 août 2001.

+ Palestinien Identity : The Construction of Modern National Consciensness, Comlumbia University Press (New York), par Rachid Khalidi, 1997, 309 p.
Traduit en français par Joëlle Marelli : L'identité palestinienne : la construction d'une conscience nationale, Ed. La Fabrique, Paris, 2003, 402 p.

+ « Al-Muqâwama al-'arabiyya li-sahyunuiyya awakhir al-'ahd al-'uthmani (1908-1917) :
Al-ittijahat ar-raïsiyya », (La résistance arabe au sionisme), Docteur Khayriyya Qasmiyya, in Revue d'Histoire Maghrébine, Tunis, num. 29-30, 1983, p. 373-394.

+ Henry Laurens, Revue d'Etudes Palestiniennes, num. 51, printemps 1994, p. 127-128.

+ Henry Laurens, La question de Palestine, Paris, Fayard, 1999, tome 1 : 1799-1922, 719 p.

+ Henry Laurens, L'Orient arabe, 1993, Paris, 372 p.

+ Elias Sanbar, Palestine 1948 : l'Expulsion, Institut des Etudes Palestiniennes, Washington, 1984, 236 p.

+ Sacher (ed.), Zionism and the Future of the Jewss, London, 1916. Cité dans Docteur Khayriyya Qasmiyya, « Al-Muqâwama al'a-rabiyya lisahyunuiyya awakhir al 'ahd al-'uthmani 1908-1917 - alittijahat arraïsiyya » (« La résistance arabe au sionisme »), Revue d'Histoire Maghrébine, Tunis, num. 29-30, 1983, p. 373-394, p.

+ Abd-al-Hadi 'Awny, Mudhaqqirat (Mémoires), Centre d'Etudes de l'Unité Arabe, Beyrouth, 2002, 576 p.

+ Avant leur diaspora. Une histoire des Palestiniens par la photographie, 1876-1948, Walid Khalidi, Paris, Les éditions de la Revue d'Etudes Palestiniennes, 1986, 350 pages.

+ La colonisation de la Palestine (1835-1914), Taleb Si Ahmed, Books on Demand, Paris, mars 2017, 212 p.

+ Rapports de la Révolution française avec l'Orient, Lucien Bonaparte, France, 1798.

Lucien Bonaparte est le second frère de Napoléon Bonaparte.

+ « La question d'Orient, les Arabes et la renaissance de la nation juive », Ernest Laharan, 1860

+ Albert Hourani, Al Fikr al 'arabi fi 'Asr an-Nahdha (1798-1939), (La pensée arabe) traduction de l'anglais par Karim 'Azqul, Bayrouth, 1977, 486 p.

+ Albert Hourani, La pensée arabe et l'Occident, Naufal, Paris, 1991, 415 p. (Original anglais : Arabic Thought in the Liberal Age 1798-1939, Cambridge, 1983).

Sionisme

+ «Journal de Herzl», Edition Anis Sayegh, Collection Livres Palestiniens, Wathaïq Filastin, o.c.

+ The reality, J.M.N. Jeffries, London, 1939. Traduit à l'arabe : « Filastin ilaykom al haqiqa », par Ahmad Khalil Al-Hadj, Le Caire, Vol I (1971, 313p.), Vol II (1972, 257p.), Vol III (1973, 187p.), Vol IV (1973, 205p.).

+ «Bina' ad-dawla al-yahudiyya 1897-1948, al-adat al-'askariyya» (La construction de l'Etat juif 1897-1948 : les outils militaires), Walid Khalidi, Majallat ad-Dirasat al Filastiniyya (Revue d'Etudes Palestiniennes, en arabe), Beyrouth, num. 39, été 1999, p. 65-103.

+ «Le sionisme non juif : ses racines dans l'histoire de l'Occident», Al Yom Assabeh, hebdomadaire arabe, Paris, 20/01 1986.

+ «Le projet d'Etat juif attribué à Bonaparte», Henry Laurens, Revue d'Etudes Palestiniennes, Paris, num. 33, automne 1989, p. 69-83.

+ Naissance du sionisme politique par Yohanan Manor, Paris, 1981, 287 pages.

+ Naissance d'Israel, Trial and Error, Weizmann Chaïm, Paris, Gallimard, traduit de l'anglais, 1957 (sixième édition), 551 pages.

+ Weizmann Chaïm, Discours et Ecrits (traduction française), Jérusalem, 1946.

+ As-Sunduq al-Qawmi al-Yahudi (Traduction de : The Jewish National Fund, Walter Lehn in association with Uri Davis), Beyrouth, Mu'assassat Addirasat al-Filastiniyya, (Institute of Palestine Studies), 1990, 393 p.

+ L'Organisation sioniste mondiale :
les débuts, les institutions, les activités et les conflits (1882-1982), (en arabe), As'ad 'Abd-arRahman, Beyrouth, Al-Mu'assasat al-'arabiyya li-dirasat wan-nashr, Institut arabe d'Etudes et de Diffusion, 1985, 272 p.

+ The Vatican au Zionism : Conflit in the Holy Land (1895-1925), New-York, Oxford University Press, London, 1990, XIV + 253 p., Sergio I. Minerbi, (Politique du St-Siège vis à vis du sionisme), Note de lecture : Revue d'études palestiniennes, Paris, num. 44, 1992, p. 130-132.

+ « Le mouvement ouvrier juif en Palestine avant 1914 », Nathan Weinstock, Revue d'Etudes palestiniennes, Paris, n° 12, été 1984, p. 51-63.

Britanniques

+ Disraeli, André Maurois, Paris (Gallimard), 1978 (1° édition : 1927), 292 p.
+ « Deux siècles après la Déclaration Balfour » (en arabe), Ibrahim Hammami, professeur palestinien, Al-Quds al-'araby, qutotidien arabe édité à Londres, 12 nov. 2004 (citant les Mémoires d'Asquith 1852-1928, 28 janvier et 13 mars 1915).

+ Ma'mun Kywan, « 88 ans après la Déclaration Balfour, l'histoire de 117 mots anglais qui falsifièrent l'histoire et la géographie du Moyen-Orient » (en arabe), Albasrah.net, (9 novembre 2005).

+ Lawrence d'Arabie, le lévrier fatal 1888-1935, Vincent-Mansour MONTEIL, Paris, Hachette, 1987, 331 p.

+ Benoist-Méchin Jacques : Lawrence d'Arabie, Paris, Librairie académique Perrin, 1979.

+ Les Sept piliers de la Sagesse, T.E. Lawrence, Petite bibliothèque Payot, Paris, 1973, 437 p.

+ T.L. Lawrence, Les Sept Piliers de la Sagesse, Paris, 1958.

+ Rapport de Lawrence, daté du 4/11/1918, à son retour en Angleterre, rapport cité dans : Lettres de T.E. Lawrence, traduction Etiemble et Yassu Gancière, Paris, 1948, 832 p., p. 223.

+ British Policy Towards Syria and Palestine, (1906-1914), Raschid Khalidi, Londres (Ithaca Press), 1980, 380 p. Voir : Marwan R. Buheiry, Revue d'Etudes Palestiniennes, Paris, num.1, automne 1981.

+ La Déclaration Balfour, 1917, Création d'un foyer national juif en Palestine, présentée par Renée Neher-Bernheim, Paris, 1969, 473 pages.

Ottomans

+ Mudakkirat as-sultan Abdul-Hamid (Mémoires du Sultan Abdul-Hamid-II).
Traduction du turc à l'arabe, présentation, commentaires de Mohammad Harb AbdelHamid, Le Caire, 1978, 149 pages.

+ « Al-hadatha fi-l Quds al-uthmaniyya : Al-Mudakkirat al-Jawhariyya : 1904-1917 » (Etude sur les Mémoires de Waçif Jawahiriyya, chrétien orthodoxe habitant Al-Quds (Jérusalem), de Salim Tamary, Majallat ad-dirasat al-filastiniyya (Revue d'Etudes Palestiniennes, en arabe), numéro 44, automne 2000, p. 969-996.

+ Arabs and Young Turks : Ottomanism, Arabism and Islamism in the Ottoman Empire (1908-1918), Hassan Kayyali, Berkeley (Universiy of California Press), 1997, 291 p.
Voir : «Al-'Arab wa harakat Turqiyya al-Fatat : al-Uthmaniyya wal-Uruba wal-islam fil-imbiria-turiyya al-uthmaniyya 1908-1918 (Les Arabes et les « Jeunes-Turcs »).
Voir : Hassan Kayyali, Majalat ad-Dirasat al-Filastinyya (en arabe), Beyrouth, num. 36, automne 1998, p. 164-166.

+ « Al-Majallat at-ta'rikhiyya al-'arabiyya liddirasat al-'Othmaniyya » (Arab Historical Review for Ottoman Studies), Zaghouan, Tunisie, num. 3-4, déc. 1991, p. 173-187.

+ The Attitude of the ottoman empire toward the zionist movement 1897-1909, Hassan Ali Hallak, Beyrouth, 1980, 425 pages.

+ Jean Pierre Garnier, La fin de l'Empire ottoman (du Sultan rouge à Mustafa Kemal), France (Plon), 1973, p.90.

+ L'Empire ottoman, Q.S.J., Paris.

+ Al-Jami'a al-islamiyya fi nadhar kulli min Jamal-ad-Din Al-Afghani wa Abdul-Hamid ath-thani (la Ligue musulmane selon Al-Afghani et le Sultan), p. 114-155 (Selon Hicham Charabi, Al-Muthaqqifun al-'Arab wal Gharb, p.114) (Les intellectuels arabes et l'Occident).

+ « Le dernier sursaut (1878-1908) », François Georgeon, pages 523-576, Voir : Histoire de l'Empire ottoman (sous la direction de Robert Mantran), Fayard, 1989.

+ Ta'rikh Filastin fi awakhir al-'ahd al-'uthmani : Qira'ah jadidah (Histoire de la Palestine sous les Ottomans : lecture nouvelle, 1700-1918), 'Adil Manna', Beyrouth, 1999, 358p.

+ Rafiq Al-Azm, dans un article d'Al-Muqattam (journal Caïrote) du 12/08/1909.
Pour les relations des «Jeunes Turcs» avec les sionistes, voir Lewis, B., The Emergence of Modern Turkey, p. 211-212. Voir lettre (27/12/1909) de Marling, chargé d'Affaires britanniques à Istanbul et lettre du 25 mai 1910 de l'ambassadeur britannique à Istanbul Lawther à Gray, ministre des Affaires étrangères.
Lettre à Gray (29/05/1910) sur les moyens sionistes utilisés pour la domination économique de l'Etat ottoman, voir :
Docteur Khayriyya Qasmiyya, « Al-Muqâwama al-'arabiyya li-sahyunuiyya awakhir al-'ahd al-'uthmani 1908-1917 - al-ittijahat ar-raïsiyya », (" La résistance arabe au sionisme "), in Revue d'Histoire Maghrébine, Tunis, num. 29-30, 1983, p. 373-394.

Divers

+ Le Moniteur (Journal officiel du Gouvernement français), 22 mai 1799.

+ Annuaire du Monde Musulman, Paris, PUF, 1954.

+ La Revue du Monde Musulman, Paris, 1919, tome 9.

+ Revue Humanisme (Centre de documentation du Grand Orient de France).

+ Revue « Novembre », num. 1, Paris, nov.-déc. 1987.

+ «Al-Yom Assabeh», hebdomadaire arabe édité à Paris, 21 septembre 1987.

+ « Al-Yom Assabeh », 9 novembre 1987.

+ « Al-Yom Assabeh », 11 septembre 1989.

+ « Al-Moharer », hebdomadaire franco-arabe du 29-05-1995 et du 11-09-1995 (interview datée du 12-12-1994 de Patrick Kisl, Grand Maitre de la Grande loge maçonnique de France).

+ Algérie-Actualité (hebdomadaire algérien), num. 1267, 25-31 janvier 1990.

+ « Al-Quds al'Arabi », quotidien arabe édité à Londres, 13 avril 2005 et 1er novembre 2017.

+ Thierry Zarcone, Mystiques, Philosophes et Francs-Maçons en Islam, Paris (Jean Maisonneuve éditeur), 1993, 546 pages.

+ Theguardian.com, 2 novembre 2017.

+ Europe1.fr, 2 novembre 2017.

Fin de la Bibliographie et de l'Etude

le phénix renait de ses cendres

le phénix renait de ses cendres

© 2020, Taleb, Si Ahmed
Edition : Books on Demand,
12/14 rond-Point des Champs-Elysées, 75008 Paris
Impression : BoD - Books on Demand, Norderstedt, Allemagne
ISBN : 9782322104383
Dépôt légal : mars 2018